beck ^Ische **reihe**

b^r_s

Der Band gibt einen prägnanten Überblick über die Geschichte dieses nordosteuropäischen Landes, das über fast acht Jahrhunderte zu keiner Eigenstaatlichkeit finden konnte, nichtsdestotrotz in seiner Lage zwischen Schweden und dem russischen Reich eine eigene reiche Kultur und nationale Identität entwickelte. In einer chronologischen Darstellung von den Wikingern bis heute wird Finnlands Geschichte in den Kontext der gesamten Ostseeregion eingebettet und verständlich gemacht.

Edgar Hösch, geb. 1935, war Professor für Geschichte Ost- und Südosteuropas an der Universität München. Er ist Korrespondierendes Mitglied der Finnischen Akademie der Wissenschaften und Ehrenmitglied der Finnischen Historischen Gesellschaft.

Edgar Hösch

Kleine Geschichte Finnlands

Verlag C. H. Beck

Originalausgabe

© Verlag C. H. Beck oHG, München 2009
Gesamtherstellung: Druckerei C. H. Beck, Nördlingen
Umschlagentwurf: malsyteufel, Willich
Umschlagabbildungen: U1: Tanja Halonen (Ullstein),
Magnus von Wright, Mädchen in der Tracht von Ruokolahti
(The National Board of Antiquities, Finland);
U4: Helsinki (A1PIX/KTP)
Printed in Germany
ISBN 978 3 406 58455 8

www.beck.de

Für meine jüngsten Enkelkinder
Oliver Johan Tapio, Matti Tapani, Emma Sophie und
Viivi Lotta Saara

Inhalt

Einleitung

Gegenwärtig genießen die Finnen als die Musterschüler unter allen EU-Staaten ein ungewöhnlich hohes Ansehen. Dennoch sind genauere Kenntnisse über die Geschichte Finnlands und die Lebensumstände und Gewohnheiten der Landesbewohner selbst im benachbarten europäischen Ausland kaum verbreitet. In der öffentlichen Meinung überwiegen die zählebigen Klischees, die seit der romantischen Entdeckung der finnischen Volkspoesie in der ersten Hälfte des 19. Jahrhunderts über das «Land der tausend Seen» im Umlauf sind. Mit den Grundzügen der Geschichte Finnlands sind selbst berufsmäßige Historiker in Mitteleuropa im Allgemeinen nicht sehr gut vertraut. Die Sprachbarriere erschwert die Lektüre der finnischsprachigen Fachliteratur. Als kleines Volk an der nordöstlichen Peripherie hatten es die Finnen immer schon nicht leicht, im vielstimmigen Chor der Völker Europas Gehör zu finden. Nimmt man Konversationslexika als Spiegel der vorherrschenden Interessen des lesenden Publikums, dann ergibt sich für Finnland im deutschen Sprachraum während des 18. und 19. Jahrhunderts ein sehr ernüchternder Befund. In dem umfangreichsten deutschsprachigen Lexikonunternehmen des 19. Jahrhunderts, der 170 Bände umfassenden «Allgemeinen Encyklopädie der Wissenschaften und Künste», herausgegeben von Johann Samuel Ersch und Johann Gottfried Gruber von 1818–1889, spiegelt sich eine selektive Wahrnehmung der europäischen Ländergeschichte wider. Allein für Griechenland (von der Antike bis zur Gegenwart) waren acht Bände reserviert. Auf den Artikel «Finland» entfielen dagegen insgesamt nur drei Druckseiten. Erst nach dem Zerfall des russischen Zarenreiches, als sich die Finnen in den Wirren der Oktoberrevolution 1917 ihren eigenen Staat erkämpften und ihn gegen eine erstarkende Sowjetmacht behaupten konnten, gewann das Finnlandbild in der breiteren Öffentlichkeit schärfere Konturen.

«Hat das finnische Volk eine Geschichte?» Unter diese provozierende Überschrift stellte im Jahre 1843 der gelehrte Schriftsteller

Zacharias (Zachris) Topelius seine berühmte Rede auf dem Porthan-Fest der ostbottnischen studentischen Landsmannschaft. Seine in der damaligen Rückschau negative Antwort spiegelt noch das überlieferte staatsorientierte Geschichtsverständnis früherer Jahrhunderte wider. Völker ohne eigene staatliche Organisationsformen galten als geschichtslos. Topelius datierte daher folgerichtig den eigentlichen Beginn der finnischen Geschichte erst auf das Jahr 1809, als das Großfürstentum Finnland im Verband des russischen Reiches über ein eigenes Territorium und eigene staatliche Einrichtungen verfügte und nach den Worten des Zaren Alexander I. auf dem Landtag von Porvoo 1809 seinen Platz unter den Nationen eingenommen hat. Knapp drei Jahrzehnte später griff am 9. 11. 1875 der Staatsmann und Gelehrte Yrjö Koskinen (eigentl. Yrjö Sakari Yrjö-Koskinen, finnisierter Name aus Georg Zacharias Forsman) die provozierende Frage in einem Vortrag vor der Historischen Gesellschaft Finnlands nochmals auf. Als politischer Vordenker und Sprecher der im Aufbruch befindlichen finnischen Bauerngesellschaft gab er eine trutzige positive Antwort. Aus seiner neuen selbstbewussten Einschätzung der Lage Finnlands leitete er konkrete Folgerungen für die politische Selbstbestimmung seines Volkes ab.

Die Historiker reagierten auf den Perspektivenwechsel im Zeichen des nationalen Aufbruchs nach der Französischen Revolution, der die Völker Europas zu Subjekten der Geschichte machte. Die bisherige Staaten- und Dynastiegeschichte wurde umgeschrieben in eine Geschichte der Völker. Aus der Rückverlängerung dieser Volksgeschichte in frühere Jahrhunderte ergaben sich weitreichende Vorgaben für die Arbeit der Landeshistoriker auch in Finnland. Sie hatten auf der Spurensuche in einer fernen Vergangenheit vornehmlich die Wurzeln des verschütteten nationalen Erbes freizulegen. Das «historische Argument» gewann im öffentlichen Diskurs eine gemeinschafts- und sinnstiftende Funktion. Es verfestigte sich in den Schulbüchern zu vorgefertigten Bildern der Vergangenheit und zu einem eindrucksvollen Lehrgebäude nationaler Mythen. Konstitutiv wurden die Vorstellung von einer gemeinsamen Abstammung und der Nachweis einer ungebrochenen Siedlungskontinuität in der angestammten Heimat. Er sollte den legitimen Anspruch des modernen Nationalstaates auf ethnische Grenzen begründen helfen.

In Finnland wird die Frage nach der Herkunft der Finnen bis zur Gegenwart nicht nur als eine rein akademische Angelegenheit wahrgenommen. Reichlicher Diskussionsbedarf ergibt sich bei der Einordnung der unbestreitbaren eurasischen Wurzeln der finnischen Sprache und generell bei der Einschätzung der Einflüsse, die aus dem östlichen asiatischen Raum auf die finnische Geschichte einwirkten. Die Finnen haben eine vorbelastete Vergangenheit gegenüber dem Nachbarn Russland, mit dem sie sich eine 1269 km lange gemeinsame Grenze teilen. Diese ist heute gleichzeitig zur nordöstlichen Außengrenze der erweiterten europäischen Staatengemeinschaft geworden. Um die historische Bewertung der finnisch-russischen Nachbarschaftsbeziehungen werden immer noch in der Öffentlichkeit und unter den Fachleuten heftige kontroverse Diskussionen geführt. Sie dienen nicht zuletzt auch der Standortbestimmung in einer schicksalhaften Grenzlage.

Im vorliegenden Band wird eine Außenansicht der finnischen Geschichte aus einer mitteleuropäischen Perspektive geboten. Diese Sichtweise setzt notwendigerweise andere Schwerpunkte. Sie nimmt über das engere finnische Staatsterritorium hinaus immer auch das weitere Umfeld der Ostseeregion in den Blick. Mehr noch als die Nationalgeschichte bezieht sie die Auswirkungen der wechselnden machtpolitischen Konstellationen im Ostseeraum, die durch die Jahrhunderte in vielfältiger Weise auf das Schicksal der Finnen Einfluss genommen haben, mit in die Betrachtung ein. Eine besondere Beachtung finden die kulturellen Ausstrahlungen der jeweiligen auswärtigen Machtzentren und die unterschiedlichen Rezeptionsvorgänge, die sie in der finnischen Gesellschaft ausgelöst haben. Durch die Integration des schwedischen, des deutschen und des russischen Faktors in eine finnische Nationalgeschichte verlagert sich der Akzent von der exklusiven Volksgeschichte zu einer raumbezogenen Landesgeschichte, die als Teil des umfassenderen Raumkonzeptes der «Ostseewelt» verstanden wird. Die geografische Lage Finnlands zwischen den Metropolen Stockholm und St. Petersburg hat den finnischen Historiker Matti Klinge zu fruchtbaren Überlegungen über die Wirkungsmechanismen von Zentrum und Peripherie in der Geschichte Finnlands angeregt. Ein derartiger weit gefasster Bezugsrahmen ist am ehesten geeignet, dem finnlandschwedischen Anteil an der finnischen Geschichte gerecht zu werden und die kontroversen Diskussionen über die kulturelle Zugehörigkeit Finnlands zu entschärfen. Er hilft auch, voreilige Rückprojektionen moderner nationalgeschichtlicher Raumkonstellationen zu vermeiden, die für alle Zeitperioden einen allgemeingültigen Finnlandbegriff mit festen Konturen nahelegen. Dazu bieten sich im deutschen Sprachgebrauch passende adjektivische Umschreibungen mit finnisch und finnländisch an. Sie unterscheiden zwischen der ethnisch-nationalen und der wechselnden politischen Zuordnung. Ein vergleichbares Verfahren bei der Abgrenzung von Volks- und Reichszugehörigkeit findet im historischen Sprachgebrauch auch für das benachbarte russische Territorium mit dem Begriffspaar russisch und russländisch (russ. *russkij* und *rossijskij*) Anwendung.

Raumkonstellationen der Ostseewelt

Noch vor der Etablierung einer finnischen Nationalgeschichtsschreibung ist schon am Anfang des 19. Jahrhunderts der raumbe-
zogene Zugang zur Geschichte Finnlands erstmals von ausländischen Historikern für eine Gesamtdarstellung erprobt worden. Der
Greifswalder Historiker Friedrich Rühs (1781–1820) steht mit
seinem schmalen Band «Finland und seine Bewohner», der 1809 in
Leipzig im Druck erschien, am Beginn der wissenschaftlichen Finn-
landkunde im deutschen Sprachraum. Wenige Jahre später folgte
ihm der russische Konsul Peter von Gerschau mit seinem «Versuch
über die Geschichte des Grossfürstenthums Finnland» (Odense
1821). Beide Verfasser waren zu ihrem Thema auf Umwegen über
Schweden bzw. über die russischen Ostseeprovinzen hingeführt
worden. Sie waren als beamtete Autoren in Loyalitätsbeziehungen
eingebunden, die ihnen einen unterschiedlichen Zugang zur Geschichte Finnlands vermittelten. Der Kurländer von Gerschau hatte
als Offizier bei den preußischen Leibhusaren in Berlin gedient, war
später 1810–1817 Oberforstmeister in Wiborg gewesen und hatte
schließlich lange Jahre 1823–1852 bis zu seinem Tod das Amt eines
russischen Generalkonsuls in Dänemark inne. Von Gerschaus Geschichte Finnlands war als Gegenentwurf zu Rühs' Darstellung
konzipiert; sein Anliegen war es, die seiner Überzeugung nach un-
begründeten «Ausfälle und Beschuldigungen gegen Russland» zu
widerlegen. Der Konsul zählte zu jener Schicht deutschbaltischer
sachkundiger Amtsträger, deren sich die Petersburger Reichszentrale schon im Laufe des 18. Jahrhunderts mit Vorliebe bedient
hatte, um sich die Loyalität der neuen finnischen Untertanen in den
Gebietsabtretungen von 1721 und 1743 auf der Karelischen Landenge zu sichern. Sie verfügten über eine intime Kenntnis der schwedischen Rechts- und Verwaltungspraxis. Obwohl sie sich weiterhin
dem deutschen Sprach- und Kulturraum zugehörig fühlten, waren
ihnen «russländischer» Reichspatriotismus und Stolz auf russische
Kulturleistungen nicht fremd.

Dem Historiker Friedrich Rühs dagegen, der an der damals noch schwedischen Reichsuniversität Greifswald lehrte, gab die territoriale Neuordnung des Jahres 1809 Anlass, besorgt auf die weitere Entwicklung Finnlands unter dem russischen Zepter zu blicken. Rühs war als Schüler des Göttinger Universalhistorikers August Ludwig von Schlözer (1735–1809) noch ganz in der Tradition der schwedischen Reichshistoriografie ausgebildet worden. Sein Lehrer gilt in Deutschland als der Wegbereiter einer neuen historischen Sichtweise, die sich von den bisherigen geografischen Grenzen löste und die Völker Nord- und Osteuropas in eine gemeinsame europäische Geschichte zu integrieren versuchte. In der Mitte des 18. Jahrhunderts hatte sich der Osteuropa-Begriff noch nicht in seiner heutigen geografischen Bedeutung verfestigt. Schlözer folgte dem humanistischen Sprachgebrauch, der in Anlehnung an antike Denkmuster die mediterrane Sicht eines nord-südlichen Kulturgefälles widerspiegelte. Sein programmatischer Entwurf einer «Allgemeinen nordischen Geschichte» von 1771 war ein erster Versuch, die Geschichte der weithin noch unbekannten slavischen und finno-ugrischen Völkerwelt im nordeurasischen Raum in das europäische Geschichtsbild zu integrieren. Als Völker ohne Eroberungsdrang waren für ihn in der Rückschau die Finnen immer nur die Beute ihrer Nachbarn gewesen: «ihre ganze Geschichte steckt in derjenigen ihrer Ueberwinder». Sein berühmter Zeitgenosse Johann Gottfried Herder, der Entdecker der bisher geschichtslosen kleinen Völker, zählte sie zu den «sanften» Völkern.

Die Wahrnehmung der westlich-skandinavischen Verbindungen Finnlands hat dank der mehrere Jahrhunderte andauernden Zugehörigkeit zum schwedischen Reich in der finnischen Geschichtsschreibung eine lange Tradition. Die positive Einschätzung des schwedischen Erbes als inhärenter Bestandteil der eigenen Kultur ist in der finnischen Bildungsschicht heute weitgehend unbestritten. Der russische Anteil an der Geschichte Finnlands dagegen ist seit der Ära des verhassten Generalgouverneurs General Nikolaj I. Bobrikov (1898–1904), dem der sog. Verfassungsbruch des Zaren von 1899 angelastet wird, und seit der existenziellen Bedrohung durch die Sowjetmacht nach der Oktoberrevolution über mehrere Generationen hinweg erheblich in Misskredit geraten. In der Zeit des Kalten Krieges haben sich die finnischen Historiker nur mit großer Zurückhaltung auf die Bearbeitung der Russlandthematik eingelassen. Seit dem Zusammenbruch des Sowjetimperiums ist die finnische Geschichtswissenschaft mit sichtbarem Erfolg dabei, die notwendige Unbefangenheit gegenüber dem östlichen Nachbarn zurückzugewinnen. Das 1996 gegründete Alexander-Institut (finn. Aleksanteri-instituutti) der Universität Helsinki hat sich innerhalb weniger Jahre zu einem anerkannten Forschungszentrum entwickelt. Es koordiniert landesweit Forschung und Lehre über Russland und Osteuropa in Geschichte und Gegenwart. Die Ergebnisse dieser Revisionsbemühungen bringen auch eine Neubewertung des deutschen Anteils an der gemeinsamen Ostseewelt und an der Geschichte Finnlands mit sich. Er ist in der Rückschau in einem sehr engen Zusammenhang zu sehen mit der russischen Reichsgeschichte. St. Petersburg war im 18. und 19. Jahrhundert in gleicher Weise für die Finnen wie für die Deutschen ein kultureller Anziehungspunkt mit starker Ausstrahlungskraft. Die Wurzeln einer engeren deutsch-finnischen Symbiose reichen allerdings noch weiter zurück. Im Mittelalter hat das Städtebündnis der Hanse wesentliche Errungenschaften deutscher Bürgerkultur in die gesamte Küstenregion der Ostsee gebracht. Im Zeitalter der Reformation hat die Übernahme der lutherischen Lehre auf Jahrhunderte hinaus die Ausrichtung des kirchlich-religiösen Lebens in Finnland auf den deutschen Sprachraum hin verfestigt. Noch bis in die 30er Jahre des 20. Jahrhunderts war das Deutsche die bevorzugte Wissenschaftssprache in Finnland.

Diese länderübergreifenden politischen, wirtschaftlichen und kulturellen Sachverhalte, die für die Geschichte in Finnland prägend geworden sind, haben den Historiker an der Turkuer Akademie Max Engman zu einem Gliederungsvorschlag für eine gemeinsame Ostseegeschichte angeregt, der Erkenntnisse der historischen Kulturbeziehungsforschung angemessen würdigt und das starre Konzept einer nationalstaatlichen Geschichtsbetrachtung aufzubrechen versucht. Engman unterscheidet eine von der Hanse geprägte Lübecker Periode, die vom Frühmittelalter bis Gustav Wasa reicht, eine Stockholmer Periode während der schwedischen Großmachtzeit bis zur Niederlage Karls XII. in der Schlacht von Poltava 1709, eine Petersburger Periode von 1709–1917 und eine Leningrader Periode, die erst in unseren Tagen zu Ende geht. Der renommierte englische Finnlandhistoriker David Kirby hat in seinem zweibändigen Werk «Northern Europe in the Early Modern Period» einen ersten Syntheseversuch gewagt, der diese unterschiedlichen externen und internen Entwicklungsanstöße in der Ostseeregion zusammenführt und in einem Gesamtüberblick der Geschichte der «Baltic World» bündelt.

Ungeachtet der notwendigen Weitung des Blickwinkels über die aktuellen Staatsgrenzen hinaus sind in Finnland wie auch in den anderen Staaten Europas im historischen Bewusstsein einer breiten Öffentlichkeit weiterhin die vertrauten Konturen einer engeren nationalen Geschichte fest verankert. Eine Vorliebe für handliche Zusammenfassungen der Landesgeschichte ist immer noch unverkennbar. Dieser ungebrochenen Nachfrage haben gerade in den letzten Jahren mehrere Verlage in Finnland und im – vornehmlich englischsprachigen – Ausland mit neuen Angeboten entsprochen. Eine Liste der aktuellen Gesamtdarstellungen findet sich in den Literaturhinweisen im Anhang.

Neben der traditionellen Nationalgeschichtsschreibung ist inzwischen aber auch unübersehbar eine gegenläufige Bewegung erkennbar, die sich dekonstruktivistischer Verfahren bedient. Die bisher vorliegenden Ergebnisse lassen erkennen, dass die heutige Historikergeneration in Finnland in zunehmendem Maße bereit ist, überlieferte nationale Mythen und Legenden als zeitbedingte historische Konstrukte wahrzunehmen und in der praktischen Forschungsarbeit kritisch zu hinterfragen. Von der Umsetzung betroffen sind nicht nur strittige Sachverhalte der Staatswerdung während der sog. Autonomiezeit (1809–1917), des Befreiungs- bzw. Bürgerkrieges von 1918, der anrüchigen Waffenbrüderschaft mit Hitler-Deutschland (sog. Fortsetzungskrieg in der finnischen Terminologie), der «Finnlandisierung» während des Kalten Krieges etc. Auch die Vor- und Frühgeschichte und die Ethnogenese der Finnen sowie die dunklen Jahre des quellenarmen Mittelalters werden einer kritischen Überprüfung unterzogen. Informationsdefizite sind in der Vergangenheit allzu häufig durch anachronistische Rückprojektionen und romantische Idealisierungen überbrückt worden. Sie halten aus heutiger Sicht einer quellenkritischen Analyse nicht mehr stand. Die Betonung finnischer Eigenständigkeit während der Schwedenzeit, die der unhistorische Begriff «Schweden-Finnland» insinuiert, wird von der heutigen Historikergeneration als zeitbedingte Überzeichnung vermieden. Als einflussreiche finnische Historiker, die in den letzten Jahrzehnten an der Universität Helsinki eine Dekonstruktion nationaler Mythen anregten, sind vor allem Matti Klinge, Heikki Ylikangas und der Zeithistoriker Osmo Jussila zu nennen.

Die Herkunft der Finnen

Die Vorgeschichte Finnlands und seiner Bewohner verliert sich im Dunkeln; die Spurensuche der Archäologen hat bislang nur Teile der langwierigen Besiedlungsvorgänge erhellt. Ihre Anfänge lassen sich um 8500 v. Chr. am Ende der Eiszeit datieren. 1996 sorgte ein neuer Fund in Susiluola (d. i. Wolfshöhle) in Kristinestad im südlichen Ostbottnien für erhebliches Aufsehen. Er bezeugt die Existenz von Siedlungen, die über 100 000 Jahre bis in das Paläolithikum zurückreichen. Demnach muss es schon vor der endgültigen Eisschmelze Zwischenperioden gegeben haben, die vereinzelten Menschengruppen zumindest kurzzeitig eine Überlebenschance auf dem finnischen Festland geboten haben. Einen dauerhaften Aufenthalt von Siedlergruppen hat erst die fortschreitende Eisschmelze ermöglicht. Verlässliche Hinweise auf menschliche Besiedlungen sind bisher aus dem Mesolithikum (ca. 8300–5100 v. Chr.) in Antrea auf der Karelischen Landenge und in Ristola bei Lahti gefunden worden. Frühe Siedler entdeckten offensichtlich auch vom Norden her den Zugang entlang der norwegischen Küste, die – begünstigt durch den Golfstrom – schneller eisfrei wurde als das skandinavische Binnenland.

Schriftliche Zeugnisse aus der Frühzeit der Besiedlung Finnlands fehlen. Versuche, aus dem breit gestreuten Material der epischen Volksdichtung der Finnen Rückschlüsse auf historische Vorgänge zu ziehen, sind mehr oder minder fantasievolle Spekulationen geblieben. Zuverlässigere Berichte von außenstehenden Augenzeugen haben sich erst aus relativ später Zeit erhalten. Am bekanntesten ist die viel zitierte Passage über die «Fenni», die der römische Historiker Tacitus († nach 116 n. Chr.) dem Schlussteil seiner «Germania» anfügte. Demnach vegetierten sie wie Tiere, roh und primitiv, in abstoßender Dürftigkeit, ohne Waffen, Pferde und feste Behausungen – steinzeitliche Jäger in einer unwirtlichen Umwelt an der nördlichen Peripherie der zivilisierten Welt. Die sehr vagen Beobachtungen hat man in der Forschung nicht auf die eigentlichen Finnen, sondern eher auf die Lebensweise der Saamen (Lappen) bezogen. Während des 19. Jahrhunderts, als Sprache und Rasse noch in einem sehr engen Zusammenhang gesehen wurden, sind den Finnen von den Anthropologen asiatische «mongolische» Wurzeln zugeschrieben worden. Ausschlaggebend war vor allem die Sprache. Sie weist den heutigen Ostseefinnen eine unbestreitbare östliche Herkunft zu. Gemeinsam mit den Magyaren (Ungarn) bilden die Finnen, Esten, Saamen, Ingrier oder Ischoren, Wepsen, Woten, Liven im Umfeld der indogermanischen (auch: indoeuropäischen) Sprach- und Völkerfamilie, der die überwiegende Bevölkerungsmehrheit auf dem europäischen Kontinent angehört, einen Fremdkörper. Ihre nächsten Sprachverwandten leben verstreut über ein weites Areal im gesamten nordeurasischen Raum diesseits und jenseits des Urals. Dazu zählen die Angehörigen der sog. permischen Sprachgruppe, d.h. die Komi (Syrjänen) und die Udmurten (Wotjaken), sowie die wolgafinnischen Mari (Tscheremissen) und Mordwinen (Ersa, Mokscha). Der weiteren Verwandtschaft zuzuordnen sind die Ugrier am Ob, nämlich die Wogulen (Mansen) und Ostjaken (Chanten), sowie die Samojeden (Nenzen, Enzen, Selkupen und Dolganen) in Sibirien. Legt man den Stammbaum dieser gesamten sog. uralischen Sprachfamilie auf die Karte Eurasiens, dann könnte man versucht sein, an der geografischen Verteilung der kleinen und kleinsten Sprechergruppen, die bis heute überlebt haben, die umrisshaften Zwischenstationen einer ost-westlichen Wanderungsbewegung zu erkennen, deren westlichster Ausläufer die Ostseefinnen sind. Dieses migrationstheoretische Erklärungsmodell versucht die Vorgeschichte der Finnen am Stammbaum der finno-ugrischen Sprachfamilie abzulesen. Es findet sich schon am Ausgang des 18. Jahrhunderts bei dem finnischen Gelehrten Henrik Gabriel Porthan (1739–1804). Bis in den Anfang des 20. Jahrhunderts haben finnische Archäologen, Sprachforscher und Ethnologen die Urheimat ihrer Vorfahren deshalb vornehmlich im fernen Asien gesucht. Pionierarbeit auf der Spurensuche im Osten haben die Sprachwissenschaftler Anders Johan Sjögren (1794–1855) und Matthias Alexander Castrén (1813–1852) geleistet.

In den letzten Jahrzehnten ist ein augenfälliger Meinungsumschwung zu beobachten. Sowohl vonseiten der Archäologen wie der Linguisten in Finnland sind erhebliche Einwände gegen eine schematische Rückverlängerung der sprachlichen Vorgeschichte der Finno-Ugrier geltend gemacht worden. Die Vorstellung, dass die Finnen als eine schon ausgebildete Stammesgruppierung in ihre noch menschenleere künftige Heimat eingewandert seien, ist weitgehend aufgegeben worden zugunsten der Annahme länger andauernder Ethnogeneseprozesse, die erst auf finnischem Boden zum endgültigen Abschluss gekommen sind. Man ist heute auch eher geneigt, gegenüber den östlichen Einwirkungen den quantitativen Anteil der kontinentaleuropäischen Zuwanderungen sehr viel stärker zu bewerten. Ein steinzeitliches finnisches Urvolk, das u. a. von dem Maler Aarno Karimo (1886–1952, bis 1906 Hasselqvist) und in den Deckenfresken Axel Galléns (Akseli Gallen-Kallela) in der Eingangshalle des Finnischen Nationalmuseums in Helsinki in eindruckvollen Bildern vergegenwärtigt wurde, ist eine gelehrte Fiktion der finnischen Nationalromantik. In den Motiven spiegelt sich eine vom Geist des Nationalepos Kalevala und des Karelianismus, der nationalromantischen Bewegung an der Wende zum 20. Jahrhundert, inspirierte idealisierte Geschichtsbetrachtung wider.

Den Anstoß für eine Neubewertung der finnischen Vorgeschichte gaben die Grabungen der Archäologen in den Nachkriegsjahren. Sie haben keine Spuren signifikanter Siedlungsumbrüche während der letzten drei Jahrtausende erbracht, wie bei einer kompakten Einwanderungswelle aus dem Osten zu erwarten wäre. Das Fundmaterial spricht für eine relative Siedlungskontinuität seit der Steinzeit und für eine weitgehend friedliche Assimilierung neu hinzustoßender Einwanderungsgruppen. Neuerdings sind die Forschungen um eine humangenetische Perspektive erweitert worden. Untersuchungen der Erbfaktoren der Finnen haben hinreichende Anhaltspunkte erbracht, die auf eine engere Verwandtschaft mit den mittel- und westeuropäischen Völkern schließen lassen. Nach dem derzeitigen Erkenntnisstand der Genforschung weisen nur etwa 25% der Gene der Finnen auf einen östlichen Ursprung hin. 50% belegen enge Beziehungen zum benachbarten baltischen Ostseeraum, und 25% verweisen auf westliche kontinentaleuropäische Verbindungen. Die Befunde haben unter den finnischen Historikern und Sprachwissenschaftlern zu teilweise gewagten Hypothesen über die gesamte Vorgeschichte Mittel- und Osteuropas Anlass gegeben. Die Spekulationen betreffen sowohl die genaueren Abgrenzungen der Siedlungsgebiete der finno-ugrischen Völker wie die viel diskutierte Frage nach der Urheimat der Indogermanen. Geht man davon aus, dass die Urindoeuropäer ursprünglich im südrussischen Steppenraum nördlich des Schwarzen Meeres und des Kaspischen Meeres siedelten, dann ist mit einer frühen engen Nachbarschaft zu den Vorfahren der Ostseefinnen zwischen Ural und Ostsee zu rechnen. Mit den Saamen im lappländischen Norden besteht nach den Erkenntnissen der Mitochondrialgenetik nur eine lose genetische Verwandtschaft. Die Sprachwissenschaftler gehen allerdings von einer finnisch-lappischen Ursprache aus, die sich unter dem prägenden Einfluss des Indogermanischen auf die proto-finnischen Küstenbewohner, der die Protolappen des Binnenlandes nicht mehr in gleichem Maße erreichte, aufteilte.

Im Kulturwortschatz des Finnischen haben die Sprachkontakte der Frühzeit erkennbare Spuren hinterlassen. Die Hinweise auf Seelenglaube und Schamanismus in der mythologischen Überlieferung der Finnen passen zur steinzeitlichen Jagdkultur arktischer Jäger und Sammler. Die Ackerbauterminologie und die Namen vieler Haustiere sind dagegen aus dem Indogermanischen entlehnt worden. Sie sind wohl vornehmlich über Kontakte zu germanischen und baltischen Nachbarn vermittelt worden. Signifikante Bedeutungsabweichungen in den finnischen Einzelsprachen bezeugen, dass die Entlehnungen erst zu einem Zeitpunkt erfolgt sind, als die finnische Grundsprache sich bereits aufzufächern begann. Die unterschiedliche Gewichtung der genetischen Merkmale in den östlichen und westlichen Landesteilen Finnlands deutet auf Besiedlungsvorgänge aus Mittel- und Osteuropa hin, die sich über einen längeren Zeitraum erstreckten und die Regionen des Landesinneren in unterschiedlicher Intensität erfassten. Die Besiedlung Ålands ist in frühmittelalterlicher Zeit unmittelbar vom schwedischen Festland her erfolgt.

Die ersten Einwanderergruppen, die sich von der Küstenregion aus in das Landesinnere vorwagten, fanden noch keine einladenden Bedingungen für eine dauerhafte Ansiedlung vor. Die ungünstigen naturlandschaftlichen und klimatischen Gegebenheiten haben durch die Jahrhunderte nur eine dünne Besiedlung zugelassen. Mehr noch als die zahlreichen Binnengewässer, die nach der Eisschmelze das sprichwörtliche «Land der tausend Seen» entstehen ließen, waren die unendlichen Wald- und Moorgebiete ein schwer zugängliches und nur mühsam erschließbares natürliches Hindernis. Die nachweisbaren frühen Siedlungen konzentrierten sich daher vornehmlich entlang der Küstenregion am Bottnischen und Finnischen Meerbusen und in den Mündungsgebieten der Flussläufe. Die Herausbildung der drei finnischen Hauptstämme der Frühzeit, der sog. Eigentlichen Finnen (finn. *varsinaiset suomalaiset*) im Südwesten, der Tavastländer (finn. *hämäläiset*) im westlichen Binnenland und der Karelier (finn. *karjalaiset*) im Südosten, ist wohl in einem unmittelbaren Zusammenhang mit unterschiedlichen Zuwanderungswellen und Assimilierungsprozessen zu sehen. Die damaligen Sprecher der finnischen Dialekte haben sich noch nicht als Angehörige des gleichen Volkes verstanden. Eine Rückprojizierung der heutigen geografischen Grenzen des finnischen Siedlungsraumes in eine ferne Vergangenheit ist ebenso unzulässig wie eine vorschnelle Identifizierung der frühen Bewohner mit der modernen finnischen Nation. Diese tritt erst am Ende eines langwierigen Entwicklungsprozesses als eigenständiger Akteur in Erscheinung.

Zur historischen Einordnung der Besiedlungsvorgänge in der Frühzeit ist ein Blick auf die Zahlenverhältnisse hilfreich. Nach Schätzung der Demografen lebten im frühen Mittelalter auf dem Territorium Finnlands nur etwa 20–40 000 Menschen. Die Bevölkerung wuchs zwar während des Mittelalters kontinuierlich an. Sie war auch kaum in einem nennenswerten Maße von den verheerenden Epidemien betroffen, die über mehrere Generationen hinweg in Zentraleuropa wüteten und zahlreiche aufgelassene Siedlungen und Wüstungen hinterließen. Ende des 16. Jahrhunderts rechnet man mit einer Bevölkerungszahl von etwa 300 000 und für das Jahr 1722 mit 350 000 Menschen. Die Millionengrenze wurde erst zu Anfang des 19. Jahrhunderts überschritten. Allein diese Größenordnungen lassen erahnen, dass die internen Kommunikationsmöglichkeiten auf einem Areal, dessen Gesamtfläche dem Staatsgebiet der heutigen Bundesrepublik Deutschland entspricht, erheblich erschwert waren. Ein Gefühl der Zusammengehörigkeit konnte erst langsam heranwachsen. Die wenigen Siedlungsinseln waren durch weite Einödflächen und unbewohnte Waldgebiete voneinander abgetrennt. Von den Bewohnern der verstreuten Siedlungen konnten daher kaum Initiativen zu dauerhaften raumüber-greifenden Organisationsstrukturen ausgehen.

Der Landesausbau und die herrschaftliche Durchdringung der endlosen Wald- und Sumpfgebiete sind unter den gegebenen Voraussetzungen vornehmlich von externen Herrschaftszentren aus angestoßen worden. Der Reichtum an Naturprodukten, den die heimischen Wälder und Seen anboten, weckte schon früh Begehr-lichkeiten in der Außenwelt. Finnland und seine Bewohner wurden in historischer Zeit vornehmlich zum Objekt auswärtiger Handels-interessen. Die Siedlungsgebiete der finnischen Stämme bildeten eine natürliche Landbrücke zwischen dem europäischen Norden und dem kontinentalen Russland. Diese geografische Zwischenlage ist zum historischen Schicksal Finnlands geworden. Jahrhunderte-lang sind die Rivalitäten zwischen Schweden und Russland um die Beherrschung der Ostsee auf finnischem Boden ausgetragen worden. Finnland ist so schon in frühmittelalterlicher Zeit als umkämpftes Wirtschaftsareal, aber auch als Begegnungszone der westlich-lateinischen mit der östlich-byzantinischen Welt in einen kulturellen und politischen Antagonismus hineingeraten. Missio-narische Bemühungen um die Seelen der bäuerlichen Siedler gingen Hand in Hand mit der Eintreibung von Abgaben und Steuern. Das historische Finnland war dabei durch seine Lage am äußersten nordöstlichen Rand der höher entwickelten antiken Kulturwelt des Mittelmeerraumes Peripherie in mehrfacher Hinsicht. Es war um-kämpftes Vorfeld der schwedischen Ostexpansion und nordwest-liches Randgebiet der Novgoroder Stadtrepublik, deren Handels-aktivitäten sich schon früh auch auf die nahe Karelische Landenge erstreckten.

Zu den Initiatoren des Handelsaustausches in der Ostseeregion zählten seit dem 8. Jahrhundert die Friesen. Sie traten als die ersten Fernhändler des Nordens auf. Ihnen schlossen sich später die Gotländer an. Diese wagemutigen bäuerlichen Seefahrer haben sich auf ihren flachbödigen Schiffen bis an die östlichen Gestade der Ostsee vorgewagt. In Novgorod unterhielten die Gotländer seit dem 11. Jahrhundert einen eigenen Handelshof (Gotenhof) bei der St.-Olaf-Kirche. In der Zeit der skandinavischen Wikingerzüge (um 800–1000) waren die Küstenplätze und vorgelagerten Inseln Finnlands Zwischenstationen der kriegerischen Nordleute auf dem

Zug nach Osten. Von den Abwehrbemühungen der betroffenen Bewohner, die sich wiederholt räuberischer Übergriffe zu erwehren hatten, zeugen noch heute die Überreste küstennaher Befestigungsanlagen (u. a. im Eigentlichen Finnland Rikalan linnavuori bei Halikko, Vanhalinna bei Lieto, Linnasmäki bei Turku, im Tavastland Rapola in Sääksmäki bei Valkeakoski, in Satakunta Siuronlinna bei Nokia, Kauttuan linnavuori bei Eura, in Karelien Tiuri linnasaari bei Räisälä). Sie waren meist auf Anhöhen oder steil aufsteigenden Felsen gelegen (finn. *linnavuoret, mäkilinnat*). Auf der Ostroute, dem Österled/Austrvegr, folgten die Waräger der Newa zum Ladogasee und über den Ilmensee zur Wasserscheide der Waldaihöhe und erreichten über die Flussläufe von Wolga bzw. Dnjepr das Kaspische Meer und das Schwarze Meer. Die Nordleute sicherten diesen sagenhaften «Weg von den Warägern zu den Griechen», der in der altrussischen Chronik beschrieben wird, durch befestigte Stützpunkte. Sie organisierten den Handelsaustausch der slavischen Stämme im Einzugsbereich des Dnjepr mit der Kaiserstadt Konstantinopel und den mediterranen Märkten und trotzten den byzantinischen Kaisern im 10. und 11. Jahrhundert vertragliche Vereinbarungen ab. Ihre zeitgenössische Benennung als Rus'-Volk ist offensichtlich durch ostseefinnische Vermittlung an die Ostslaven weitergegeben worden. Noch heute heißt Schweden in finnischem Munde «Rus'-Land», d. i. Ruotsi, während das benachbarte Russland als «Land der Wenden» (Slaven), d. i. Venäjä, bezeichnet wird.

Tributäre Abhängigkeiten der Küstenbewohner Finnlands von den Svear an der Ostküste Schwedens bestanden schon im 8. Jahrhundert. Die Eintreibung von Abgaben besorgten in wenig koordinierten Einzelaktionen Stammesführer mit ihren kampferprobten Gefolgsleuten. Seit dem 11. Jahrhundert löste eine sich festigende königliche Zentralgewalt die Partikularinteressen lokaler Machthaber ab und übernahm die Koordinierung der Außenbeziehungen. Die schwedische Königsmacht dehnte seither ihre Einflusssphäre über die dichter besiedelten südwestfinnischen Küstenzonen weiter nach Osten aus. Mit den drei sog. Kreuzzugunternehmungen in der Mitte des 12. und während des 13. Jahrhunderts trat sie zudem in den finnischen Siedlungsgebieten als engagierte Vorkämpferin der lateinischen Christenheit auf.

Die Christianisierung Finnlands

Die Missionierung Finnlands folgte dem für den Ostseeraum typischen Schema eines engen Zusammenwirkens von Kaufleuten, Kriegern und Missionaren. Außerordentliche Zwangsmittel einer Schwertmission waren allerdings schon deshalb nicht angesagt, weil die christliche Lehre längst zuvor auf Åland und in der Küstenzone am Bottnischen Meerbusen Fuß gefasst hatte. Ihre Erfolge unter der einheimischen Bevölkerung lassen sich an Grabbeigaben und Bestattungsbräuchen ablesen. Die Missionsarbeit der schwedischen Kirche, die soeben erst selbst mit der Gründung des Erzbistums Uppsala 1164 eine institutionelle Eigenständigkeit erreicht hatte, war durch die traditionellen engen Beziehungen Südwestfinnlands zu Schweden begünstigt worden. Mitte des 12. Jahrhunderts war der weitere Auf- und Ausbau einer Kirchenorganisation mit festen Gemeindestrukturen ein probates Mittel, um die wirtschaftliche und herrschaftliche Durchdringung der finnischen Siedlungsgebiete dauerhaft abzusichern.

Die Historizität des ersten Kreuzzuges, den der Schwedenkönig Erik persönlich in Begleitung des Erzbischofs von Uppsala Henrik im Jahre 1155 oder 1157 angeführt haben soll, ist allerdings immer noch umstritten. Die Vermutung, es könnte sich eher um eine der damals üblichen Kaperfahrten über den Bottnischen Meerbusen gehandelt haben, ist nicht ganz von der Hand zu weisen. Zeitgenössische Quellenzeugnisse fehlen. Umso mehr ranken sich in der späteren Überlieferung Legendenbildungen um die Beteiligung der beiden obersten Repräsentanten von Staat und Kirche. Diese sind in Schweden und in Finnland in gleicher Weise zu nationalen Symbolfiguren geworden. Beide wurden schon bald nach ihrem gewaltsamen Tod, allerdings ohne offizielle kirchliche Bestätigung, als Heilige verehrt. Im Dom von Turku errichtete man ihnen einen gemeinsamen Altar, der 1400 eingeweiht wurde. Informationen über das Leben der beiden und ihren als Martyrium stilisierten Tod finden sich nur in hagiografischen Texten. Diese sind erst aus späterer Zeit überliefert und in ihrem Wahrheitsgehalt nur schwer überprüfbar. Die lateinische «Legende des heiligen Heinrich» («Legenda sancti Henrici») entstand nicht vor 1270. Sie gilt als das älteste erhaltene Schriftdokument der finnischen Geschichte. Die in finnischer Sprache überlieferte «Bischof Heinrichs Todesklage» ist lange Zeit nur mündlich weitergegeben worden. Die frühesten Niederschriften stammen erst aus dem 17. Jahrhundert. Bischof Henrik wurde nur kurze Zeit nach seiner Ankunft am 20. Januar 1156 in einem persönlichen Racheakt von dem Bauern Lalli auf dem vereisten Köyliösee (schwed. Kjulosee) bei Pori in Satakunta erschlagen. Er wurde zu Nousiainen (schwed. Nousis) in der ersten finnischen Bischofskirche beigesetzt. Als der Bischofssitz 1229 zunächst nach Koroinen und schließlich nach Turku verlegt wurde, überführte man seine Gebeine in den Dom nach Turku, als dessen Schutzpatron er seither verehrt wird. Der Herkunft nach soll er ein Engländer gewesen sein. Ehe er als Missionsbischof nach Finnland aufbrach, soll er als Erzbischof von Uppsala amtiert haben. Ein eifriger Förderer des Henrikkultes war während seines langen Pontifikates von 1412–1450 der Turkuer Bischof Magnus II. Tavast. Er ließ an den Sarkophag Henriks in Nousiainen Messingplatten mit eingravierten bildlichen Darstellungen des Lebens und des Wirkens Henriks sowie der Wundertaten nach seinem Tode anbringen. Die Platten sind um 1430 wohl in Flandern angefertigt worden. Auch für König Erik IX. Jedvardsson den Heiligen, der als Schutzheiliger Schwedens verehrt wird, ist eine Heiligenvita die einzige Quelle. König Erik fiel am Himmelfahrtstag (18. Mai) 1160 beim Kirchgang in Uppsala einer Adelsverschwörung zum Opfer. Die Schilderung seines heiligenmäßigen Lebens in der St.-Eriks-Legende veranlasste sein Sohn, der in dem blutigen Konkurrenzkampf mit dem rivalisierenden Familienclan der Sverker um die Königskrone nach einer kirchlichen Legitimierung seiner Ansprüche suchte.

Auf die Missionsbemühungen und die entstehende Kirchenorganisation in Nordeuropa hat die päpstliche Kurie durch Rundschreiben und durch die Entsendung von Legaten unmittelbaren Einfluss zu nehmen versucht. Papst Leo IX. hatte 1053 dem Erzbistum Hamburg-Bremen ganz Skandinavien einschließlich Islands und Grönlands als Jurisdiktionsbereich zugewiesen. Als der Erzbischof während des Investiturstreites für den Kaiser Partei ergriff, entzog ihm der Papst die Befugnisse zugunsten des 1104 neu gegründete Erzbistums Lund. 1164 erreichte die schwedische Kirche mit dem Erzbistum Uppsala ein kirchliches Zentrum, dessen Zuständigkeit sich auch auf die Missionsgebiete in Finnland erstreckte. Dass es dort mit dem Fortgang der Missionsarbeit nicht zum Besten bestellt war und nach dem Abzug der schwedischen Truppen die finnischen Dorfbewohner sich immer wieder ihren vertrauten heidnischen Bräuchen zuwandten, lässt sich der Bulle des Papstes Alexander III. «Gravis admodum» von 1171 oder 1172 entnehmen. 1216 bestätigte Papst Innozenz III. den Schwedenkönig im Besitz der finnischen Missionsgebiete und regte die Einrichtung von zwei Bistümern unter dem Erzbischof von Uppsala an. Der eigentliche Durchbruch ist der lateinischen Kirche wohl erst in der Mitte des 13. Jahrhunderts im Zusammenhang mit dem Feldzug Birger Jarls, des Schwagers des Schwedenkönigs Erik XI., ins Tavastland (Häme) gelungen. Die erfolgreiche Missionsarbeit ist eng verbunden mit dem langjährigen Wirken des «Bischofs von Finnland» Thomas (1220–1245). Er soll der Legende nach ein Dominikanermönch englischer Herkunft gewesen sein.

Seit der Mitte des 12. Jahrhunderts traten neben deutschen und dänischen Kauffahrern auch ritterliche Glaubenskämpfer aus Mitteleuropa als Mitkonkurrenten der Schweden in der östlichen Ostsee auf. 1219/20 brachte sich der dänische König in den Besitz des nördlichen Estland und gründete 1219 Reval, dessen heutiger Name Tallinn (d. i. wörtlich Dänischburg) noch auf die Anfänge der Dänenzeit verweist. Im gleichen Zeitraum leitete der Schwertbrüderorden (Fratres miliciae Christi de Livonia), der 1202 im Zusammenwirken des Rigaer Bischofs Albert von Buxhoeveden († 1229) mit Papst Innozenz III. entstanden war, vom Unterlauf der Düna aus die endgültige Unterwerfung der Liven, Lettgaller, Semgaller (Niederletten) und Kuren ein. Nach 1227 griff er auch auf estnisches Gebiet aus. 1237, nach der verheerenden Niederlage in der Schlacht bei Saule am 22. September 1236 gegen die Litauer, übernahm der Deutsche Ritterorden auf livländischem Boden sein Erbe. Er scheiterte aber wenig später mit einem weiteren Vorstoß nach Osten gegen Novgoroder Territorium in der Schlacht auf dem Eis des Peipussees (1242); ebenso war es zwei Jahre zuvor den über Finnland angreifenden Schweden ergangen.

Deutsche fahrende Kaufleute waren erst verhältnismäßig spät den friesischen Händlern und den bäuerlichen Seefahrern der Insel Gotland in die Ostsee gefolgt. Zunächst mussten die Schauenburger als Grafen von Holstein, die Askanier und der Sachsenherzog Heinrich der Löwe mit der von ihnen geförderten Kolonisationsbewegung in den ostelbischen Slavengebieten die territorialen Voraussetzungen schaffen. 1158/59 hatte die Gründung Lübecks an der Trave das Tor zur Ostsee geöffnet. Schon zwei Jahre später, 1161, schlossen sich einzelne am Osthandel interessierte Kaufleute zu einer Schutzgemeinschaft, der «Genossenschaft der Gotland besuchenden deutschen Kaufleute» (Universi mercatores imperii Romani Gotlandiam frequentantes), zusammen. Ihre Mitglieder traten bald an den wichtigsten Warenumschlagplätzen auf. Im fernen Novgorod gründeten sie noch im 12. Jahrhundert eine eigene Handelsniederlassung, den St.-Peter-Hof. Deutsche Kaufmannssiedlungen entlang der südlichen Küstenregion der Ostsee dienten im 12. und 13. Jahrhundert als Zwischenstationen eines regen Handelsaustausches. Sie markierten auch die Bewegungsrichtung einer christlichen Mission im Slavenland und unter den baltischen Stämmen. Diese ist mit dem Schwert der Ordensritter bis in die westrussischen Grenzgebiete vorgetragen worden. Die Kaufmannssiedlungen wurden zu Stützpunkten der nord- und nordostdeutschen (lübischen, westfälischen, sächsischen) Städte um Lübeck und Visby, die sich zum Bund der Hanse zusammenschlossen. Die Mitglieder der Hanse lösten die Gotländische Genossenschaft im 14. Jahrhundert endgültig ab. Sie haben nahezu zwei Jahrhunderte dem deutschen Handel eine Monopolstellung in der Ostsee gesichert. Mit der Hansekogge, einem von den Friesen in Haithabu übernommenen und an die Gegebenheiten in der Ostsee angepassten Schiffstyp, verfügten sie über ein Transportmittel mit hoher Tragfähigkeit, das sich in besonderer Weise für den Lastenverkehr eignete. Das Handelsmonopol der Hanse wurde erst in der zweiten Hälfte des 15. Jahrhunderts durch Kaufleute aus den niederländischen Städten, allen voran aus Amsterdam, durchbrochen.

Bei ihrer Ostexpansion waren die Schweden auf eine gegenläufige Bewegung aus Russland gestoßen, die ihren militärischen und missionarischen Aktivitäten Grenzen setzte. Ostfinnland war schon am Ausgang der Wikingerzeit in den Einzugsbereich russischer

Wirtschaftsinteressen geraten. Den Herren von Novgorod war es im 11. und 12. Jahrhundert gelungen, unter den Kareliern und im östlichen Tavastland ein System loser tributärer Abhängigkeiten durchzusetzen. Nach dem Bericht der russischen Chronik veranlasste Fürst Jaroslav im Jahre 1227 eine Massentaufe. Zielsetzung war es offensichtlich, über die Einbindung der Bewohner Kareliens in die russische orthodoxe Kirchenorganisation der weiteren Expansion der Schweden Einhalt zu gebieten und eine bessere Vorfeldsicherung zu gewährleisten. Dass die Ausstrahlung der ostkirchlichen Missionsarbeit bei der Christianisierung der Finnen nicht nur eine Episode geblieben ist, zeigt sich im überlieferten Sprachgebrauch. Zentralbegriffe des kirchlichen Lebens wie Kreuz (finn. *risti* von russ. *krest*), Priester (finn. *pappi* von russ. *pop*), Hl. Schrift/Bibel (finn. *raamattu* von russ. *gramota*), Pate (finn. *kummi* von russ. *kum*) sind ostkirchlichen Ursprungs.

1240 wurde der weitere Vorstoß der Schweden über die Karelische Landenge von einem Novgoroder Truppenaufgebot unter dem Kommando des Fürsten Aleksandr an der Mündung der Ižora in die Newa zurückgeschlagen. Der siegreiche Feldherr Aleksandr leitet seinen ehrenden Beinamen Nevskij von der Abwehrschlacht an der Newa her. Er hat später als Großfürst von Vladimir mit diplomatischem Geschick die Interessen der russischen Fürstentümer gegenüber den neuen tatarischen Oberherren vertreten. Die russischen Gläubigen verehren ihn als Nationalheiligen. Über seinen jüngsten Sohn Daniil gilt er auch als Ahnherr der ersten Moskauer Fürstendynastie. Die Schweden haben sich trotz der Niederlage an der Newa nicht mehr aus ihren finnischen Besitzungen verdrängen lassen. Der Reichsverweser Birger Jarl sicherte in den 40er- und 50er-Jahren nach dem zweiten Kreuzzug – dessen Datierung schwankt wegen der unsicheren Quellenlage zwischen 1237 und 1249 – das Eroberungswerk im Tavastland (Häme) durch den Ausbau von Verteidigungsanlagen ab. Zur Unterstützung holte er schwedische Neusiedler ins Land. Ende des Jahrhunderts gewann Marschall Tyrgils Knutsson den Westteil Kareliens hinzu. Mit dem Bau der Grenzfestung Wiborg im Jahre 1293 festigte er die Demarkationslinie auf der Karelischen Landenge, ohne den russischen Überfällen dauerhaft Einhalt gebieten zu können. Noch 1318 drangen russische Truppen bis an die Mauern der Festung Turku vor und brannten die Stadt und die Domkirche nieder. Auch die Bischofsburg in Kuusisto (schwed. Kustö), die ein Jahr zuvor erst fertiggestellt worden war, wurde zerstört. Nur wenige Jahre später, am 12. August 1323, vermittelten deutsche Kaufleute ein Arrangement zwischen den Konkurrenten in der umkämpften Grenzregion. Im Frieden von Schlüsselburg (finn. Pähkinäsaari, schwed. Nöteborg, russ. Orešek) einigte man sich auf eine Teilung Kareliens. Novgorod verzichtete auf die westlichen Gebiete von Savo, Äyräpää und Jääski, behauptete sich aber im Ostteil der Landenge und in Ladoga-Karelien. Weitere Grenzverschiebungen erreichten die Schweden auch durch einen erneuten Kreuzzug im Jahre 1348 nicht mehr. An dessen propagandistischer Vorbereitung hatte sich die später heilig gesprochene Seherin Birgitta maßgeblich beteiligt. 1351 wurde der Status quo in Dorpat vertraglich bestätigt. Der Grenzverlauf folgte im Süden dem Siestarfluss (später Rajajoki, d. i. «Grenzfluss», benannt). Nach der Eingliederung Novgorods in das Moskauer Reich 1478 markierte er in diesem Abschnitt am Finnischen Meerbusen für drei Jahrhunderte die schwedisch-russische Grenze.

Die Einigung der beiden Anrainer über die Abgrenzung ihrer Interessensphären zu Beginn des 14. Jahrhunderts hatte weitreichende Folgen für die Bewohner Finnlands. Die schwedische Reichspolitik bestimmte künftig ihr Schicksal. Über ein halbes Jahrtausend gab die Reichszentrale in Stockholm die Leitlinien der wirtschaftlichen, gesellschaftlichen und kulturellen Entwicklung in den östlichen Landesteilen vor.

Das schwedische Ostland

Finnlands Zugehörigkeit zum schwedischen Reichsverband unterscheidet sich fundamental von der staatsrechtlichen Stellung des Großfürstentums Finnland unter dem Zepter der russischen Zaren nach 1809. Selbst der Name Finnland war in Schweden für die finnischen Siedlungsgebiete an der östlichen Peripherie nicht üblich. Nach der historischen Gliederung Schwedens in vier Landesteile (schwed. *landsdelar*) wurden – neben den Festlandgebieten Norrland, Svealand und Götaland – die östlichen Landesteile als «Ostland» (schwed. Österland) bezeichnet. Der Begriff umfasste allerdings nicht das gesamte finnische Territorium. Der nördliche Teil des heutigen Finnland war Norrland zugeordnet.

Der Name Finnland fand nur gelegentlich eine eher protokollarische Verwendung ohne jegliche staatsrechtliche Verbindlichkeit. So titulierte sich der Statthalter des Königs, Karl Gustavson, der als erster Schlossherr in die neu errichtete Burg Turku einzog, 1280 als «praefectus Finlandiae». Unter Magnus Birgersson (Magnus «Ladulås», d. i. «Scheunenschloss», finn. Maunu Ladonlukko) aus dem sog. Folkungergeschlecht, dem Schwedenkönig von 1275 bis 1290, trug der jüngere Bruder des Königs Bengt Birgersson zwischen 1284 und 1291 erstmals den Titel eines Herzogs von Finnland. Er hatte gleichzeitig als Bischof von Linköping ein wichtiges Kirchenamt in Schweden inne. Als «capitaneus Finlandiae» war 1324–1326 Mats Kettilmundsson Burgvogt von Turku. Mitte des 16. Jahrhunderts bestand unter Johann, dem Sohn Gustav Wasas, ein eigenes Herzogtum Finnland. Es ist eine Episode geblieben. Herzog Johann residierte nur wenige Jahre von 1556–1563 in Turku. Im Jahre 1562 vermählte er sich mit Katharina Jagellonica, einer Tochter der Mailänderin Bona Sforza, die für kurze Zeit innerhalb der Schlossmauern den Abglanz einer prunkvollen Hofhaltung im Stil der Renaissancezeit nach Turku brachte.

Finnland ist dem entstehenden schwedischen Ostseereich nicht als eine eroberte Provinz, sondern als inhärenter Reichsteil mit gleichen Rechten und Pflichten eingegliedert worden. Für die Finnen galten keine sprachlichen Sonderrechte. Sie hatten das Schwedische als alleinige Staatssprache zu akzeptieren. Über ihre ständischen Vertreter auf den Reichstagen konnten sie aber unmittelbaren Einfluss auf die Beratungen aller Reichsangelegenheiten ausüben. Seit 1362 nahmen Abgesandte aus den finnischen Gerichtsbezirken auch an den Königswahlen gleichberechtigt teil. In seinem am 15. Februar 1362 unterzeichneten Pergamentbrief bestätigte der neu gewählte Mitkönig Håkon Magnusson (er war 1355–1380 auch König von Norwegen) dem damaligen finnischen Landrichter Nils Turesson Bielke, dass bei künftigen Königswahlen die Bewohner Finnlands ebenso wie die Bistümer und Gerichtsbezirke Schwedens mit eigenen Abgesandten – mit Geistlichen und zwölf Bauern zusammen mit dem Landrichter (schwed. *lagman*, finn. *laamanni*) – teilnehmen durften. Die Wahl wurde traditionsgemäß beim Stein von Mora südöstlich von Uppsala vollzogen. Der weite Anreiseweg verhinderte allerdings in der Folgezeit nicht selten die ordnungsgemäße Wahrnehmung der Teilnahmeberechtigung.

Die Angleichung der politischen und gesellschaftlichen Verhältnisse in der finnischen Ostprovinz an die schwedischen Kerngebiete war ein langwieriger Prozess. Er zog sich über mehrere Generationen hin. Erich von Pommern veranlasste 1435 eine Aufteilung des finnischen Territoriums entlang des Aurajoki in einen nördlichen und einen südlichen Rechtsbezirk (Norrfinne und Söderfinne), die zur Überwachung der Rechtspflege jeweils einem eigenen obersten Landrichter unterstellt wurden. Der Rechtsvereinheitlichung in den einzelnen Landesteilen Schwedens diente ein Gesetzbuch, das Magnus Eriksson in der Mitte des 14. Jahrhunderts auf der Grundlage bestehender Landrechte für das ganze Reich hatte ausarbeiten lassen («Magnus Erikssons landslag»). Es wurde zusammen mit der Kodifizierung des Stadtrechts («Magnus Erikssons stadslag») seit der Mitte des 14. Jahrhunderts schrittweise in den einzelnen Landesteilen eingeführt. Eine Revision erfolgte 1442 unter König Christoph von Bayern («Kristoffers landslag»). Das Gesetzbuch ist erst 1734 durch ein neues Reichsgesetzbuch abgelöst worden. Die schwedischen Rechtstraditionen behielten auch während der Zugehörigkeit Finnlands zum Zarenreich nach 1809 weiterhin ihre Gültigkeit.

Eine eigene finnische Identität konnte sich nicht auf dem Boden einer Provinzgesellschaft entwickeln, die sich mit ihren Partikularinteressen von der Reichszentrale abzugrenzen versuchte. Die engen personellen Verflechtungen innerhalb der adeligen Führungsschicht in Schweden sorgten für dauerhafte Querverbindungen zwischen den einzelnen Landesteilen. Umso stärker war die finnische Bevölkerung in die Rivalitätskämpfe zwischen der erstarkenden Zentrale, der Aristokratie und dem Landadel einbezogen. Die schwedische Königsmacht war für die Bewohner der Ostgebiete in der Regel nicht in der Person des Königs präsent. Die Herrscher residierten im fernen Stockholm und statteten nur selten ihren finnischen Untertanen einen Besuch ab. Ihre Statthalter vor Ort hatten zunächst vornehmlich die Landesverteidigung zu organisieren, für Recht und Ordnung zu sorgen sowie Steuern und Abgaben zu erheben. Staat und Kirche arbeiteten bei der Integration der Ostgebiete und beim Ausbau der Infrastruktur eng zusammen. Die von kirchlicher und staatlicher Seite im Verlaufe des 14. Jahrhunderts veranlassten aufwendigeren Bauunternehmungen konzentrierten sich zunächst auf die dichter besiedelten küstennahen Regionen in den südwestlichen und südlichen Landesteilen. Sie lassen sich als komplementäre Maßnahmen des hochmittelalterlichen Landesausbaus verstehen. Turku entwickelte sich zum Kirchen- und Verwaltungszentrum des Landes. Wiborg gewann an der Ostgrenze als Bollwerk gegen Angriffe des russischen Nachbarn und als Handelsplatz überregionale Bedeutung.

Im Kirchenbau spiegelt sich im Übergang von der traditionellen Holzbauweise zum Steinbau ein fortgeschrittener Stand der kirchlichen Missionsarbeit wider, der den Ausbau größerer Kirchengemeinden erforderte. Er erlaubt aber auch Rückschlüsse auf das neue Selbstbewusstsein und den gesteigerten Repräsentationswillen der Auftraggeber. Allerdings erreichte der steinerne Kirchenbau im agrarischen Finnland selbst im nordeuropäischen Vergleich nur eine geringe Verbreitung und blieb in einem weiten Abstand zu Dänemark und Schweden. Nach den peniblen Forschungen von Markku Hiekkanen sind bisher insgesamt 104 Bauvorhaben ermittelt worden. Ihre regionale Verteilung ist sehr unterschiedlich. Die meisten Bauten (insgesamt 31) verzeichnet das Gebiet des sog. Eigentlichen Finnland im äußersten Südwesten. Hiekkanen unterscheidet eine Abfolge von drei Bauphasen. Die frühesten Feldsteinkirchen entstanden zwischen 1270 und 1420 auf Åland. Vorbild für die architektonische Gestaltung waren schwedische Kirchenbauten. Die älteste Kirche – und der älteste Steinbau auf finnischem Boden überhaupt – ist die Kirche des hl. Olaus in Jomala (erbaut 1275 bis 1285). Im übrigen Finnland begann der Bau von Steinkirchen erst Anfang des 15. Jahrhunderts und zog sich bis in die nachreformatorische Zeit in der zweiten Hälfte des 16. Jahrhunderts hin. In der zweiten Bauphase mit Schwerpunkt in den 40er- bis 60er-Jahren des 15. Jahrhunderts waren vor allem Gemeinden in Varsinais-Suomi und in Uusimaa beteiligt. Im östlichen Uusimaa errichtete der gleiche Baumeister nach dem Vorbild der Kirche von Porvoo weitere Steinkirchen in den Gemeinden Pernaja (schwed. Perniö, 1435–1445), Sipoo (schwed. Sibbo, um 1455), Helsingin pitäjä (schwed. Helsinge, 1450–1470) und Pyhtää (schwed. Pyttis, 1455 bis 1465). Zur gleichen Zeit verbreitete sich der steinerne Kirchenbau aber auch schon in Häme (Hattula-Kirche, 1440–1480) und in Karelien (Kirche in Vehkalahti, 1430–1470, und Stadtkirche bzw. spätere Domkirche in Wiborg, 1435–1445). Einen letzten Höhepunkt erlebte er kurz vor der Reformation in den Jahren 1500 bis 1520.

Markantes Kennzeichen der mittelalterlichen finnischen Steinkirchen ist der graue Granit, der als typisch heimisches Baumaterial Verwendung fand. Im Bautypus reproduzierten die finnischen Steinkirchen die für die Ostseeregion traditionellen Formen der Kirchenarchitektur. Einflüsse der norddeutschen Backsteingotik sind am Dom in Turku sichtbar. Den heutigen Besucher der Steinkirchen faszinieren die teilweise monumentalen Seccomalereien. Dabei waren offensichtlich neben Amateurmalern aus dem Kreis der Baumeister selbst auch professionelle Malergruppen am Werk. Nur wenige Zeugnisse der einst weitverbreiteten finnischen Holzkirchenarchitektur haben die Zeit überstanden. Die ältesten Bauten sind aus dem 17. Jahrhundert erhalten geblieben. Eine neue Blütezeit erlebten die Holzkirchen in der zweiten Hälfte des 18. Jahrhunderts. Mit der Bauausführung wurden erfahrene lokale Handwerksbetriebe beauftragt. Einige Baumeister aus dem Volk erreichten mit Bauaufträgen in mehreren Gemeinden eine überregionale Bedeutung. Ein herausragendes Beispiel für die Leistungsfähigkeit des lokalen Bauhandwerks ist die Kirche von Petäjävesi, die 1763–1764 von Jaakko Klemetinpoika Leppänen aus Vesanka als gleicharmige Kreuzkirche errichtet wurde und die heute zum UNESCO-Weltkulturerbe zählt. Eine Sonderstellung unter den erhaltenen finnischen Holzkirchen nimmt nicht nur wegen ihres Alters die Opferkirche (finn. Uhrikirkko) auf der Landzunge Pyhämaa nördlich von Uusikaupunki ein. Sie war seit dem Mittelalter ein beliebter Wallfahrtsort der Seefahrer an der Segelroute zwischen Uusikaupunki und Rauma. Bemerkenswert an der heutigen schlichten Hallenkirche, die 1647–1652 errichtet bzw. erneuert wurde, ist die vollständige Bemalung der Wände und Decken mit Bibelmotiven, Engeln und Blumen. Die Dekorationsarbeiten wurden in naiver Malweise von Christian Wilbrandt aus Vaasa ausgeführt und im Jahre 1667 vollendet.

Über Schweden und die südlichen Anrainer der Ostsee ist auch die westeuropäische lateinische Klosterkultur nach Finnland vermittelt worden. Frühe Klosterniederlassungen in Finnland gründeten vor allem die aus der mittelalterlichen Armutsbewegung entstandenen Bettelmönche der Dominikaner und der Franziskaner. Das erste Dominikanerkloster in Finnland, das dem hl. Olaf geweiht war, wurde 1249 in Turku (Åbo) gegründet, 1398 folgte eine weitere Klostergründung in Wiborg, wo sich auch Anfang des 15. Jahrhunderts die Franziskaner niederließen. Schon ein halbes Jahrhundert später unterhielten sie außerdem Klöster in Rauma sowie auf der entlegenen Ålandinsel Kökar. Das Bistum Turku hatte enge Verbindungen zum Dominikanerorden. Textgrundlage der einzigen Inkunabel Finnlands, des berühmten Missale Aboense, das im Jahr 1488 im Auftrag des Turkuer Bischofs Konrad Bitz in Lübeck gedruckt worden war, bildete das dominikanische Messschema.

Eine Sonderstellung unter den finnischen Klostergründungen nimmt das Birgittenkloster in Naantali ein. Es war ein Doppelkloster, das Nonnen und Mönche beherbergte. Die Klosterregel orientierte sich an dem Mutterkloster auf dem ehemaligen königlichen Gut Vadstena am Vättersee. Dort hatte Birgitta († 1373), eine weit über die Grenzen Schwedens hinaus wirkende Seherin, mit päpstlicher Billigung einen eigenen Orden gegründet. Die ersten Klosterinsassen hatte der Turkuer Bischof Magnus (Maunu) II. Tavast aus Vadstena in seinen Sprengel eingeladen. 1438 hatten sie sich auf dem königlichen Gut Stenberg in Masku angesiedelt. 1442 verlagerten sie den Sitz ihrer Klostergemeinschaft auf ein Grundstück in Meeresnähe, das ihnen der Schlossherr von Turku überlassen hatte und dem sie den von ihrem bisherigen Aufenthaltsort mitgebrachten Namen Naantali gaben (schwed. Nådendal, d. i. «Tal der Gnade», latein. Vallis Gratiae, finn. Armonlaakso). Das Kloster und die Klosterkirche wurden nach mehrjähriger Bauzeit (1443–1462) von Bischof Konrad Bitz 1462 eingeweiht.

Orthodoxes mönchisches Leben entfaltete sich innerhalb des finnischen Siedlungsraumes in der Grenzregion zum russischen Nachbarn im ehrwürdigen Valamo-Kloster und im Kloster Konevitsa. Das Valamo-Kloster war der Legende nach von den griechischen Mönchen Sergios und Germanos auf dem Valaam-Archipel im Ladogasee Anfang des 14. Jahrhunderts gegründet worden. Das Kloster Konevitsa hatte 1393 Arsenij aus Novgorod, ein Mönch des Valamo-Klosters, auf der benachbarten Insel Konevitsa (russ. Konevec) an der Stelle einer alten heidnischen Kultstätte errichtet. Er brachte von seiner Reise zum heiligen Berg Athos hesychastische Traditionen nach Karelien. Während des russisch-finnischen Winterkrieges 1940 flüchteten die Mönche des Valamo-Klosters auf finnisches Territorium und ließen sich in Ostfinnland in Heinävesi nieder. Die Klostergemeinschaft Neu-Valamo (finn. Uusi Valamo) hat sich im Finnland der Nachkriegsjahre zu einem lebendigen Kirchen-, Kultur- und Studienzentrum der orthodoxen Kirche entwickelt. Nach der offiziellen Religionsstatistik gehören heute 1,10% der finnischen Bevölkerung der orthodoxen Kirche an. Im Stadtbild Helsinkis verweist an prominenter Stelle im Stadtzentrum in unmittelbarer Nähe zum Dom die Uspenskij-Kathedrale auf das Fortleben der ostkirchlichen Traditionen in Finnland. Die Baupläne des in byzantinischem Stil errichteten roten Backsteingebäudes hatte der russische Architekt Andrej Gornostaev entworfen. Die Bauarbeiten an dem größten orthodoxen Kirchenbau Westeuropas wurden im Jahre 1868 abgeschlossen. In kirchenrechtlicher Hinsicht untersteht die orthodoxe Kirche Finnlands seit 1923 als autokephale Kirche dem Ökumenischen Patriarchen in Konstantinopel.

Obwohl der erste nachweisbare Schriftsteller und Übersetzer auf finnischem Boden Jöns Budde (um 1437–um 1491) dem Birgittenkloster von Naantali angehörte, waren die Klöster und kirchlichen Einrichtungen in Finnland nur für eine Elementarausbildung der angehenden Kleriker gerüstet. Am Dom von Turku gab es zwar für die praktischen Erfordernisse des Kirchendienstes eine Kathedralschule. Bischof Thomas hatte sie noch in der Christianisierungsphase im 13. Jahrhundert eingerichtet. Für höhere Studien mussten die Landesbewohner aber ausländische Universitäten aufsuchen. Bevorzugter Studienort war zunächst die Universität Paris. Im Jahre 1313 ist erstmals die Inskription eines Studierenden aus Finnland belegt. Schon ein halbes Jahrhundert später, in den Jahren 1435–1436, amtierte erstmals ein Gelehrter aus Finnland Olavi Maununpoika (Olavus Magni), der spätere Bischof von Turku, als Rektor der Pariser Universität. Weitere finnische Studierende lassen sich in der Folgezeit an den Universitäten in Prag, Köln, Wien, Bologna und Rostock nachweisen. Seit der Reformationszeit suchten sie vornehmlich die norddeutschen protestantischen Universitäten auf.

Neben den Steinkirchen entstanden im mittelalterlichen Finnland als repräsentative Monumentalbauten steinerne Befestigungsanlagen. Sie dienten – wie bisher schon die frühgeschichtlichen Felsburgen – zur Sicherung der Landesverteidigung, übernahmen aber auch immer mehr die Funktion von Burglehen, die das Personal der im Ausbau befindlichen staatlichen Verwaltung in den Ostgebieten des schwedischen Reiches beherbergten. Am Burgenbau war auch die Kirchenführung unmittelbar beteiligt. Sie war ebenso wie der König an der Festigung ihrer eigenen Verwaltungsstrukturen in Finnland interessiert. In Turku, dem neuen politischen, wirtschaftlichen und kulturellen Zentrum der schwedischen Königsmacht in Finnland, ist um 1280 mit dem Festungsbau für den königlichen Gouverneur und seine Truppen außerhalb des Stadtgebietes an der Mündung des Aurajoki begonnen worden. Zur gleichen Zeit entstanden im Zusammenhang mit dem Ausbau der Provinzialverwaltung mehrere Reichsburgen, u. a. die Burg Häme am Ufer des Vanajavesisees im Zentrum des heutigen Hämeenlinna und die Burg in Wiborg (1293), dazu die Bischofsburg in Kuusisto bei Turku. In der zweiten Hälfte des 14. Jahrhunderts folgten Kastelholm auf Åland, Raasepori in Uudenmaa und Korsholm («Krytzeborg») in Pohjanmaa (Österbotten). Ein Jahrhundert später ließ der Befehlshaber der Festung Wiborg und Statthalter des Königs Erik Axelsson Tott (1418–1481) als weitere Verteidigungsanlage in der umstrittenen östlichen Grenzregion 1475 die Olavsburg in Savonlinna erbauen.

Die Burganlage wurde südlich von Savonlinna im Pihlajavesisee inmitten des Saimaaseensystems errichtet. Sie zählt gegenwärtig zu den besterhaltenen mittelalterlichen Burgen Nordeuropas und ist wegen ihrer malerischen Lage auf der kleinen Felseninsel Kyrönsaari eine beliebte Touristenattraktion. Alljährlich locken im Sommer die mehrwöchigen Opernfestspiele, die innerhalb der Burgmauern aufgeführt werden, Musikfreunde aus aller Welt an. Die Anfänge dieses für die Entwicklung der finnischen nationalen Opernkultur wichtigen Musikereignisses reichen bis in das Jahr 1912 zurück. Damals hatte die berühmte Sopranistin Aino Ackté, inspiriert von der patriotischen Aufbruchstimmung im Lande, die Aufführung finnischer Freiluftopern angeregt und mehrere Jahre selbst an den Einspielungen mitgewirkt. Nach längerer Unterbrechung ist diese Tradition 1967 wieder belebt worden. Den eigentlichen Aufschwung verdanken die Opernfestspiele in Savonlinna dem bekannten finnischen Bassisten Martti Talvela, der von 1972 bis 1979 die künstlerische Leitung übernahm und namhafte Künstler und Regisseure (u. a. August Everding aus München) für das Unternehmen gewinnen konnte. Als sein kongenialer Nachfolger hat in den Jahren 1993–2002 der Bariton Jorma Hynninen als Generalintendant den Opernfestspielen neue Impulse gegeben.

König und Adel

Als Burgherren rückten Vertrauensleute des Königs aus dem engeren Beraterkreis ein. Durch die Rekrutierungsmechanismen des Königsdienstes bildete sich in Finnland wie auch in Schweden im Verlauf des 14. und 15. Jahrhunderts ein eigener Adelsstand heraus (schwed. *frälse*, finn. *rälssi*). In kriegerischen Zeiten waren von den Helfern des Königs kosten- und zeitintensive Reiterdienste zu erbringen. Die übliche Entlohnung erfolgte durch Landschenkungen und Steuerprivilegien. Im sog. Statut von Alsnö, einer königlichen Pfalz auf der Insel Adelsö im Mälarsee, regelte der König 1279/80 den Zugang zum Adelsstand. Er bestätigte die Rechte und Pflichten des Dienstadels und schuf so in Schweden und in Finnland die Voraussetzung für den wirtschaftlichen und gesellschaftlichen Aufstieg einzelner Familien. Der königliche Dienst beförderte unter den zahlreichen landfremden Herrschern die Zuwanderung ausländischer Gefolgsleute, er verhalf aber auch Aufsteigern aus den einheimischen städtischen und bäuerlichen Gesellschaftsschichten zum Adelsstand. Zu den frühesten Vertretern eines Landadels in Finnland zählten u. a. die Familien der Flemings, Djäkns, Horns, Kurkis, Tavasts, Bitz, Totts und Särkilahtis. Sie besaßen ausgedehnte Ländereien und genossen Steuerfreiheit. Die Wohngebäude der Gutshöfe wurden zunächst in der landesüblichen Holzbauweise errichtet. In der Wasa-Zeit ließen die neuen Besitzer sie zu prachtvollen schlossartigen Residenzen ausbauen. Reste dieser alten Herrenhäuser (finn. *kartano*) sind noch erhalten, so z. B. aus dem Besitz der Flemings in Siuntio (schwed. Sjundeå) das Gut Suitia (schwed. Svidja, erbaut um 1550) und das Schlossgut Sjundby (schwed. Sjundbyslott, erbaut um 1560, später fast 300 Jahre im Besitz der Adlercreutz) sowie Gut Louhisaari (schwed. Villnäs, 1653–1655) in Askainen, der spätere Wohnsitz der Mannerheims und Geburtshaus des finnischen Marschalls C. G. E. Mannerheim, und die Gutsanlage Kuitia (schwed. Qvidja) in Parainen (schwed. Pargas) bei Turku. Aus dem Besitz der Horns haben sich aus dem 16. Jahrhundert erhalten die Gutshöfe Vuorentaka in Halikko und Kankas (Kankainen) in Masku. Insgesamt gab es im spätmittelalterlichen Finnland nur etwa 250 derartige Gutshöfe des Landadels. Dementsprechend niedrig war der Anteil der Adeligen an der Gesamtbevölkerung Finnlands, nämlich nur knapp 1 %. Über 90 % des Ackerlandes bewirtschafteten steuerpflichtige Freibauern.

Die Heiratspolitik der nordischen Königshäuser führte im 13. Jahrhundert wiederholt Dänemark, Norwegen und Schweden zu Personalunionen zusammen. Während des 14. Jahrhunderts und in der Zeit der sog. Kalmarer Union (1397–1523) waren Landfremde über dynastische Heiratsverbindungen eher zufällig zu Thronanwärtern in Schweden geworden. Unter ihnen häuften sich Anwerbungen ausländischer Helfer meist deutscher, dänischer oder schwedischer Herkunft. Die Flemings waren ursprünglich wohl in Flandern zu Hause. Ihre finnischen Ableger entstammten dem altpommerschen Adel. Dänische Ahnherren hatten die Totts, deutsche die Djäkns. Einheimische Wurzeln hatten dagegen die Kurkis, die Särkilahtis und die Tavasts. Auf Vorbehalte in der Bevölkerung stießen diejenigen adeligen Gefolgsleute der Könige, die sich nur zeitweise im Lande aufhielten und nicht in die finnische Gesellschaft integriert waren. Schwedische Adelige waren nicht abgeneigt, eine Dienstverpflichtung in der Ostprovinz als eine willkommene Chance zu nutzen, sich für ein herausgehobenes Amt in der Reichszentrale zu empfehlen. Die Vertretung der Landesinteressen war, sofern sie nicht der eigenen Karriere dienlich war, dabei kein vorrangiges Anliegen. Je mehr aber der schwedische Thron im Hochmittelalter in den innerskandinavischen Auseinandersetzungen zum Spielball fremder Mächte wurde, desto erstrebenswerter erwies sich für einzelne Adelsfamilien die zusätzliche regionale Verankerung in Finnland. Die Verfügungsgewalt über die Burgen gab ihnen, selbst wenn sie als Vögte und Statthalter nur im Auftrag des Königs handelten, eine eigene Machtbasis im Lande und den notwendigen Rückhalt für weitergehende politische Ambitionen. Insbesondere die Burgherren von Turku und Wiborg hatten erhebliche Standortvorteile, die sich für die eigenen Familieninteressen notfalls auch in Opposition zur Reichszentrale nutzen ließen.

Das konkurrierende Neben- und Gegeneinander einer auf Zentralisierung bedachten Königsmacht und einer selbstbewussten

Feudalaristokratie, die politische Mitspracherechte einforderte, erhielt in der hochmittelalterlichen Phase eine besondere Note durch das Auftreten landfremder Herrscher. Diese waren in den einzelnen Ländern nicht unumstritten und gaben wiederholt Anlass zu Revolten opponierender Adelsgruppierungen. Der sog. Kalmarer Union zwischen Dänemark, Schweden und Norwegen voraus ging die Personalunion zwischen Norwegen und Schweden. In Norwegen war mit Håkon V. (1299–1319) das Königshaus im Mannesstamm ausgestorben. Zum Nachfolger wählte der Adel 1319 seinen erst dreijährigen Enkel Magnus Eriksson, der noch im gleichen Jahr auch vom schwedischen Adel als künftiger Herrscher anerkannt wurde. Regentschaftsräte regelten zunächst die Regierungsgeschäfte. Als der volljährige König selbst die Zügel in die Hand nahm, provozierte er schon bald heftigen Unmut des Hochadels und offenen Widerspruch der Kirchenführung, die ihn mit dem Kirchenbann belegte. Zu seinen Kritikern zählte auch die einflussreiche Seherin Birgitta. Im Jahre 1364 wählte eine erstarkte Adelsopposition daher seinen Neffen Herzog Albrecht III. von Mecklenburg-Schwerin zum schwedischen König. Das militärische Aufgebot des neuen Herrschers siegte 1365 in der Schlacht bei Gata über Magnus Eriksson, der sich nach sechsjähriger Gefangenschaft nach Norwegen zurückzog. Albrecht von Mecklenburg (1363 bis 1389) konnte sich zwei Jahrzehnte im Lande behaupten. Er stützte sich auf loyale Helfer aus seiner deutschen Heimat, die er durch die großzügige Vergabe von Schlosslehen und Privilegien an sich band. 1389 musste er aber nach der verlorenen Schlacht von Falköping vor der dänischen Königin Margarethe († 1412) weichen. Seine Anhänger behaupteten sich noch einige Zeit in Stockholm und Kalmar. Der geschlagene König erhielt Unterstützung aus seiner mecklenburgischen Heimat durch die sog. Vitalienbrüder, mit deren Hilfe die Versorgung der Bewohner im belagerten Stockholm bis 1392 auf dem Seewege gesichert wurde. Ihre Piraterie weitete sich aber zu einem nur noch schwer kontrollierbaren Kaperkrieg aus, der den Seehandel in der Ost- und Nordsee erheblich in Mitleidenschaft zog und schließlich die Hansestädte auf den Plan rief.

Margarethe, die energische jüngste Tochter des Dänenkönigs Waldemar IV. Atterdag (1340–1375), herrschte zu dieser Zeit als Regentin über die beiden Königreiche Norwegen und Dänemark.

Im Jahre 1380 war ihr Mann, König Håkon (Haakon) VI. Magnusson von Norwegen (1355–1380), gestorben. 1387 verlor sie ihren 17-jährigen Sohn Olav IV. Haakonsson, für den sie seit 1375 die Regentschaft in Dänemark geführt hatte. 1389 übernahm sie nun auch noch in Schweden die Macht. Als ihren designierten Nachfolger holte die nunmehr erbenlose Regentin ihren Großneffen, den Sohn des Herzogs von Pommern-Stolp, an ihren Hof. Er war als Bogislaw im hinterpommerschen Rügenwalde geboren. Margarethe gab ihm den in skandinavischen Dynastien geläufigeren Namen Erich (Erik). 1397 ließ sie ihn in Kalmar förmlich von den Reichsräten zum Herrscher der drei Königreiche wählen, behielt aber bis zu ihrem Tode 1412 die Zügel noch fest in der Hand. In einem in seiner staatsrechtlichen Bedeutung umstrittenen «Unionsbrief» sind auf der Zusammenkunft von Kalmar die Grundsätze der künftigen Zusammenarbeit festgehalten worden.

Die gemeinsamen Könige der Kalmarer Union – Erich von Pommern (1397–1439), Christoph von Bayern (1440–1448), der Oldenburger Christian I. (1457–1463) und dessen Sohn Hans (in Schweden als König Johann II., 1497–1501) – entstammten durchweg deutschen Herrscherhäusern. Sie traten sehr zum Missfallen ihrer Wähler als Repräsentanten dänischer Machtpolitik und deutscher Wirtschaftsinteressen im Ostseeraum auf. In den langwierigen Auseinandersetzungen zwischen den Gegnern und Befürwortern weitergehender Zusammenschlüsse fanden sich in Schweden und in Finnland im Verlaufe des 15. Jahrhunderts Unionsgegner wiederholt zu einer Adelsfronde zusammen. Sie versuchten sich als eigenständige politische Größe einzubringen und reklamierten für den Adelsstand regionale oder lokale Sonderinteressen. Machtbewusste Adelige wie Bo Jonsson Grip († 1386), einer der größten Grundbesitzer in Schweden und in Finnland und unentbehrlicher Geldgeber und Berater des Mecklenburgers, machten sich den mangelnden Rückhalt der landfremden Könige im Hochadel zunutze. Eine Generation später schwang sich Karl Knutsson Bonde, der mächtige Befehlshaber der Festung Wiborg in der Mitte des 15. Jahrhunderts († 1470), vorübergehend zum eigentlichen Herrn des Landes auf. Er hatte dreimal selbst kurzzeitig den Königsthron in Schweden (als Karl VIII.) und in Norwegen inne. Sein Nachfolger Erik Axelsson Tott/Thott († 1481), Angehöriger eines weitverzweigten

Familienclans der Axelsöhne (Tott) in Schweden und in Finnland, folgte seinem Beispiel. Als Herren der landeseigenen Burgen und ausgestattet mit einem beachtlichen Grundbesitz in allen nordischen Ländern, konnten sie der Königsmacht hinhaltenden Widerstand leisten. Ihre Helfer waren willfährige Vasallen, die in das engmaschige Netzwerk der Familienclans eingebunden waren. Erst am Ausgang des 15. Jahrhunderts konnte sich der Reichsverweser Sten Sture der Ältere († 1503), der Neffe Karl Knutssons, wieder in den Besitz der Burgen Finnlands bringen und die Eigenmächtigkeit des Adels zügeln. Er war Abkömmling des mit den Axelsöhnen konkurrierenden schwedischen Familienclans der Sture-Oxenstierna, aus dem die neue Königsdynastie der Wasas hervorging. Die Wasa-Könige (1523–1654) haben durch eine erfolgreiche Zentralisierungspolitik in Schweden und in Finnland die Autorität des Herrschers und die Einheit des Reiches wiederhergestellt. 1544 erkannte der Reichstag der Wasa-Dynastie die Erblichkeit der Königskrone zu.

Stadt und Land

Ein einheimisches Stadtbürgertum ist im mittelalterlichen Finnland noch nicht als Mitkonkurrent des Adels auf der politischen Bühne in Erscheinung getreten. Finnland ist zunächst nur am Rande von den europäischen Urbanisierungsprozessen und deren wirtschaftlichen, rechtlichen und kulturellen Folgen erfasst worden. Bis zum Ende des Mittelalters hatten sich nur sechs größere Siedlungen (Åbo/Turku, Wiborg/Viipuri, Borgå/Porvoo, Ulvsby/Ulvila, Raumo/Rauma und Nådendal/Naantali) zu urbanen Zentren entwickelt und städtische Privilegien erhalten. Sie lagen nicht zufällig alle im Bereich der westlichen und südlichen Küstenzone, die eine frühe Siedlungskonzentration aufwies und einen unmittelbaren Zugang zu den Fernhandelsverbindungen in der Ostsee hatte. In den übrigen Landesteilen dominierten bis weit in die Neuzeit die agrarischen Strukturen. Der Übergang zur Industriegesellschaft erfolgte in Finnland erst mit erheblicher Verspätung und vergleichsweise abrupt an der Wende zum 20. Jahrhundert.

Als älteste Stadt Finnlands erhielt Turku schon in den 90er-Jahren des 13. Jahrhunderts vom König das Stadtrecht. Das an der Ostgrenze gelegene Wiborg, das nach 1293 um die neu erbaute Festung entstanden war, erhielt 1346 mit dem südfinnischen Porvoo von König Magnus Eriksson das Stadtrecht. Wenig später folgten an der Westküste am Bottnischen Meerbusen Ulvila, der Vorläufer des heutigen Pori, und 1442 Rauma. Als letzte Stadtgründung verdankt Naantali seine Entstehung dem Birgittenkloster, das vom schwedischen König mit Handelsprivilegien ausgestattet wurde und Kaufleute zur Niederlassung einlud.

Die Städtegründungen in Nordeuropa erfolgten unter dem dominierenden Einfluss der deutschen Stadtkultur. Die engen Verbindungen zum deutschsprachigen Raum fanden ihren Niederschlag nicht nur im äußeren Erscheinungsbild der städtischen Siedlungen, in der Stadtanlage und in den Bauformen und ihrer Ausgestaltung, sondern auch in der Zusammensetzung der entstehenden städtischen Gesellschaft. Nicht zufällig lag das Stadtregiment meist in den Händen zugewanderter ausländischer Kaufleute. Unter Albrecht von Mecklenburg gerieten auch die finnischen Städte unter deutsche Vorherrschaft. Die deutsche Mehrheit im Stadtregiment ist erst Ende des 15. Jahrhunderts durch königliche Verordnungen immer mehr eingeschränkt worden.

In einer bis zum Ende des 19. Jahrhunderts von Bauern geprägten Gesellschaft sind städtische Siedlungen ein Fremdkörper geblieben. Das mittelalterliche Finnland nahm in der Struktur des bäuerlichen Grundbesitzes und in der üblichen ländlichen Wirtschaftsweise im europäischen Vergleich eine Sonderstellung ein. Über 90% der Nutzfläche des Landes waren in freibäuerlicher Hand. Selbst in Schweden hatten die Freibauern nur einen Anteil von etwa 50%. Die Freibauern, die eigenes Land bewirtschafteten, waren steuer- und abgabenpflichtig und damit die wichtigste Gruppe der Steuerzahler. Die Kronbauern bewirtschafteten den Landbesitz der Krone, verfügten aber auch über eigene Landanteile. Die zunächst nur kleine Gruppe der Adelsbauern bebaute das Land in Adelshand, teils als Pächter adeligen Eigentums, teils als Pächter staatlicher Ländereien, deren Einnahmen den jeweiligen Gutsherren als Dienstentlohnung überlassen wurden. Unter quantitativen Gesichtspunkten ist in Schweden und in Finnland eine gegenläufige Entwicklung bei den einzelnen Bauernkategorien zu beobachten. Landschenkungen der Krone verursachten in Finnland einen stetigen Anstieg des Adelslandes. Während der schwedischen Großmachtzeit erhöhte die erfolgreiche Ostexpansion die Möglichkeiten der Krone, durch großzügige Entlohnungen mit Landzuweisungen oder durch den Verkauf von Landanteilen adelige Dienstleute an sich zu binden. Königliche Donationen ließen so am Bottnischen Meerbusen und in den östlichen Grenzregionen geschlossene Länderkomplexe aus Grafschaften und Freiherrschaften des Hochadels entstehen. Bei ihren Besitzern handelte es sich um verdiente Staatsmänner, Militärs oder Diplomaten.

Die Anfänge dieses sog. Donationswesens reichen zurück bis zur Regierungszeit König Eriks XIV. (1560–1568), der 1561 den Grafen- und Freiherrenrang einführte. Als erste Adelsfamilie wurden die Leijonhufvuds 1569 mit der Grafschaft Raasepori belehnt, die Oxenstiernas 1614 mit den Freiherrschaften Kemiö, Korsholma und Kronoborg, Per Brahe mit Kaajani. Den Höhepunkt erreichte die Vergabe von Donationen unter Königin Christina (1632–1654). Damals bestanden auf dem Boden Finnlands neun Grafschaften und 18 Freiherrschaften. Sie lagen meist entlang der Ostgrenze und am Bottnischen Meerbusen und hatten in der Hochblüte nahezu zwei Drittel des Bodens in ihrem Besitz. Ihre Inhaber gehörten in der Regel nicht dem ortsansässigen Adel an, sondern residierten fernab in Stockholm im engeren Umkreis des Königshofes. Die Bewirtschaftung der Güter lag in den Händen von Verwaltern. Dem Rechtstitel nach waren die Donatare nicht Eigentümer des Grund und Bodens, sondern nur Verwalter königlicher Hoheitsrechte und Nutznießer der staatlichen Steuern und Abgaben. Die bäuerlichen Eigenrechte blieben unangetastet. Die Bauern wehrten sich unter Einschaltung der Gerichte mit Erfolg gegen vereinzelte Versuche, die von ihnen zu erbringenden Arbeitsleistungen auf den Gutshöfen zu erhöhen. 1655 entfielen in Finnland auf Donationsland und auf Lehen noch 45,6% des Ackerlandes. Dazu gab es noch 5,2% altes Adelsland und 7,6% durch Kauf oder Tausch erworbenes steuerfreies Adelsland (*rälssi*). Nur 41,6% des Bodens befanden sich in der Hand von Erb- oder Kronbauern. Mit der «Großen Reduktion» Ende des 17. Jahrhunderts ist der überwiegende Teil des Bodens in Finnland wieder an die Krone zurückgefallen. Nach der Neuverteilung entfielen 70,2% auf Kronland, 22,8% auf Bauernland und 6,9% auf Adelsland. Zur gleichen Zeit hatte sich in Schweden eine andere Bodenverteilung, eine Drittelung in Kronland (35,6%), Adelsland (32,9%) und Bauernland (31,5%), herausgebildet.

Das Schicksal der Erbuntertänigkeit oder der drückenden Leibeigenschaft ist den finnischen Bauern erspart geblieben. Sklaverei war seit 1335 im schwedischen Reich verboten. Das Vertretungsrecht auf den Reichstagen in Stockholm sicherte den wohlhabenderen Freibauern Finnlands seit 1362 eine allerdings nicht immer einlösbare Mitsprache in Reichsangelegenheiten. Ungeachtet der Zunahme landarmer oder landloser Bevölkerungsgruppen, die auf eine Verschärfung der sozialen Konflikte durch wirtschaftliche Abhängigkeiten von kirchlichen und weltlichen Grundbesitzern schließen lässt, blieben lokale oder regionale Protestbewegungen größeren Umfanges in Finnland eine Ausnahme. Es fehlte durchaus nicht an Anlässen für Unmut in der bäuerlichen Bevölkerung. Sie ergaben sich wie auch anderswo aus umstrittenen Richtersprüchen in alltäglichen Rechtsstreitigkeiten oder bei Erhöhungen der Abgabeverpflichtungen, die von den Betroffenen als ungerechtfertigt empfunden wurden. Mit der Herausbildung des frühmodernen Staatsapparates ging zudem eine schleichende Bevorzugung der adeligen Oberschicht bei der Vergabe von Land, Pfründen und Privilegien einher. Sie steigerte zwangsläufig die Anforderungen der Krone an die steuer- und abgabenpflichtige Bevölkerung. Doch die Bauernunruhen in Schweden während des 15. und 16. Jahrhunderts (u. a. 1434–1436 im Bergbaugebiet von Dalarna und in Svealand unter Führung des dem Hochadel entstammenden Engelbrekt Engelbrektsson, 1542 in Småland unter Nils Dacke) fanden unter den finnischen Bauern keine nennenswerte Resonanz.

Eine sehr heftige, aber nur kurzzeitige Erhebung bäuerlicher Widerstandsgruppen verbindet sich in Finnland mit dem sog. Keulenkrieg (schwed. *klubbekrig*, finn. *nuijasota*). Zwar hielt er nur drei Wintermonate an der Jahreswende 1596/97 das Land in Atem, er forderte aber mit etwa 3000 Opfern – bei einer Gesamtbevölkerung von damals 300 000 Bewohnern – einen sehr hohen Blutzoll. Typologisch lässt er sich durchaus in das breite Spektrum bäuerlicher Widerstandsbewegungen einordnen, die an der Wende zur Neuzeit in allen europäischen Ländern in den sog. Bauernkriegen blutige Auseinandersetzungen zwischen Adel, Bauern und Obrigkeit provozierten. Aber ebenso unverkennbar sind die zeitbedingten regionalgeschichtlichen Besonderheiten. Eine Nachwirkung des 25-jährigen schwedisch-russischen Krieges (1570–1595), der soeben erst mit dem Friedensschluss von Täyssinä zu Ende ging, ist nicht zu übersehen. Der Schwerpunkt der Kämpfe spielte sich in den wohlhabenderen Gegenden Ostbottniens ab. Der Protest der Aufständischen richtete sich vornehmlich gegen die zusätzlichen Lasten, die den Dörfern mit den Truppeneinquartierungen (sog. Burglager) aufgebürdet wurden. Soziale Forderungen überlagerten sich mit Kampfparolen einer politischen Auseinandersetzung, die innerhalb der Wasa-Dynastie um den Thron in Schweden und um die Konfessionsfrage des Landes geführt wurde. Der innerdynastische Konflikt bot den finnischen und schwedischen Adelsgruppierungen unterschiedliche Optionsmöglichkeiten. Herzog Karl von Södermanland trat in dieser Phase als Beschützer der Bauern und als Retter des Protestantismus gegen seinen Neffen, Sigismund (1592–1599), auf. Durch die Agitation Herzog Karls ist Sigismund sowohl als polnischer König (seit 1587) wie als Sympathisant einer katholischen Restauration in die Defensive gedrängt worden. In dem Reichsverweser und Admiral Klaus Fleming († 1597) hatte Sigismund zwar einen loyalen Statthalter in Finnland aus einem angesehenen Adelsgeschlecht. Dieser konnte auch mit brutaler Gewalt den Keulenkrieg beenden, seinem König aber den Weg zum Thron gegen den anhaltenden Widerstand im Lande nicht freihalten. Der Konflikt drohte sich zu einer Zerreißprobe für die Loyalität des Adels in Finnland auszuweiten, der vornehmlich um die Sicherheit an der Ostgrenze besorgt war. Spätestens mit dem Sieg Herzog Karls bei Stångebro am 25. September 1598 über die von Sigismund aus Polen herangeführten Truppen war auch Finnlands Lage geklärt. Die Gefahr einer länger andauernden Personalunion mit Polen-Litauen war gebannt. In der strittigen Konfessionsfrage fiel die Entscheidung in Schweden und in Finnland damit endgültig zugunsten der lutherischen Lehre. Für eine enge Verbindung sozialer und konfessioneller Forderungen, die den bäuerlichen Protestbewegungen in Mitteleuropa eine gefährliche ideologische Ausrichtung gegeben hatten, fehlten künftig in Schweden und in Finnland die Voraussetzungen. Mit harten Repressalien und Vergeltungsmaßnahmen sorgte Herzog Karl in den folgenden Jahren für eine Disziplinierung der Anhänger Sigismunds unter dem Adel in Finnland. Die Besetzung wichtiger Landesämter durch zuverlässige Gefolgsleute aus Schweden festigte die Königsmacht im Lande.

Die schwedische Großmachtzeit

Das aufsehenerregende Stockholmer Blutbad vom 8. und 9. November 1520, das der dänische Unionskönig Christian II. (1513 bis 1523) durch Erzbischof Gustav Trolle von Uppsala als Ketzergericht gegen hochrangige Anhänger der Sture-Partei inszenieren ließ, hatte in Schweden die dynastische Verbindung der nordischen Königreiche beendet. Mit dem Führer der Aufstandsbewegung Gustav Eriksson übernahm ein einheimisches Adelsgeschlecht den schwedischen Thron. Gustav Eriksson, dessen Vater und dessen Schwager zu den prominenten Opfern der Gewalttat zählten, wurde am 6. Juni 1523 auf dem Reichstag in Strängnäs zum König gewählt. Er regierte als Gustav I. Wasa bis 1560. Im historischen Gedächtnis der Schweden gilt er als Befreier des Vaterlandes. Der Tag der Königswahl wird noch heute in Schweden als Nationalfeiertag in Ehren gehalten. Die Krönung erfolgte am 12./22. Januar 1528 im Dom zu Uppsala. Mit dem Reichstagsbeschluss von Västerås vom Juni 1527, den Grundbesitz der Kirche und der Klöster zugunsten der Krone einzuziehen, sicherte sich der König einen erheblichen wirtschaftlichen und finanziellen Zugewinn. Er verwendete ihn u. a. zur Tilgung seiner Schulden in Lübeck. Lübecker Finanzhilfen hatten ihm nach seiner Flucht aus dänischer Geiselhaft 1519 die Rückkehr in die Heimat und den Kampf gegen den Unionskönig ermöglicht.

Gustav I. Wasa beendete die Dänenherrschaft und setzte auch dem Wirken der katholischen Kirche und des Papstes auf schwedischem Territorium ein Ende. Die Bischofsburg in Kuusisto ließ er 1528 einreißen. Der letzte katholische Bischof in Finnland, Arvid Kurki (Kurck), war 1522 auf der Flucht vor den Dänen im Bottnischen Meerbusen ertrunken. Im Gegensatz zur städtischen Reformationsbewegung in Mitteleuropa, die durch die Initiative der Stadträte geprägt war, ist die kirchliche Erneuerung im schwedischen Reich von der Zentralverwaltung angestoßen worden. Königliche Anordnungen leiteten die «Fürstenreformation» ein. Die schwedischen Bischöfe beteiligten sich aktiv an der Einführung der neuen Lehre. Sie wahrten so den Anspruch der apostolischen Sukzession. Schwedischer Reformator war – zusammen mit seinem Bruder Olaus Petri (1493–1552) – Laurentius Petri (1499–1573). 1531 wurde er mit Unterstützung des Königs zum Erzbischof der schwedischen Kirche gewählt. Er hat die 1571 gedruckte neue Kirchenordnung herausgegeben, in der die Grundzüge des schwedischen Staatskirchentums niedergelegt waren. Das Vermögen der Gemeinden fiel an den Staat.

Die Kirche in Finnland folgte bei der Umstellung auf die neue Lehre dem schwedischen Vorbild. Die Überleitung organisierte der ehemalige Prior des Dominikanerklosters in Sigtuna und spätere Generalvikar des Dominikanerordens in Schweden und Visitator in Skandinavien Martin Skytte († 1550). Er war ein enger Vertrauter des Königs, der ihm 1528 das Bischofsamt in Åbo übertrug, ohne die päpstliche Zustimmung einzuholen. Skytte war ein Mann des Ausgleichs, der noch keine abrupte Abkehr von den katholischen Traditionen predigte. Nachfolger wurde 1554 sein ehemaliger Kanzler Michael Agricola, der eigentliche Reformator Finnlands. Einen katholischen Bischof erhielt Finnland erst wieder nach 400 Jahren im Sommer 1923, als Kardinal Willem van Rossum Skandinavien besuchte und Johannes M. Buckx als Bischof des katholischen Vikariates Finnland in sein Amt einführte.

Der Unionsfrage und der Kirchenfrage hatten sich unter veränderten innen- und außenpolitischen Konstellationen die Nachfolger Gustavs I. Wasa erneut zu stellen. Eine besondere Note erhielt die Lösung des Konfliktes für Finnland. Dessen Bewohner waren unmittelbar in den innerfamiliären Zwist zwischen König Erik XIV. (1560–1568) und seinem jüngeren Stiefbruder Johann III. (1568 bis 1592) hineingezogen worden, der 1556–1563 als Herzog von Finnland in Turku residiert hatte. Des Landesverrates angeklagt, musste er zusammen mit seiner polnischen Gemahlin Katharina Jagellonica mehrere Jahre in Kerkerhaft auf Schloss Gripsholm verbringen. 1568 konnte er seinen Bruder vom Königsthron verdrängen. 1587 verhalf Johann III. (1568–1592) seinem Sohn Sigismund als Nachfolger von Stefan Báthory zur polnischen Königskrone. Unter einem gemeinsamen schwedisch-polnischen Wasakönig drohte die Rückkehr des Katholizismus in Schweden und in Finnland. Der

Restaurationsversuch ist durch eine adelige Gegenbewegung unter Herzog Karl, dem dritten Sohn Gustav Wasas, verhindert worden. Die Synode von Uppsala verwarf 1593 unter seiner Einwirkung die neue katholisierende Gottesdienstordnung (das sog. Rote Buch, schwed. «Röda boken»), die 1576 König Johann III. (1568–1592) eingeführt hatte. Sie bestätigte die protestantische Kirchenordnung von 1571 und verpflichtete die schwedische Kirche auf das Augsburger Bekenntnis.

Herzog Karl hat als König Karl IX. (1604–1611) die Weichen für eine eigenständige schwedische Politik im Ostseeraum gestellt, auf der sein Nachfolger aufbauen konnte. Der Thronfolger Gustav Adolf war beim Tod des Vaters erst 17 Jahre alt. Bevor er die Regierungsverantwortung übernahm, hatten ihm die Vertreter des Hochadels ein «Königsversprechen» abverlangt, das ihnen weitgehende Mitspracherechte zusicherte. Gustav II. Adolf (1611–1632) ließ sich durch diese Auflagen nicht beirren. Er festigte innerhalb weniger Jahre durch innere Reformen die Königsmacht und legte mit seiner expansiven Außenpolitik die Grundlagen für ein *Dominium maris Baltici*. Die schwedische Vormachtstellung in Nordeuropa stützte sich auf eine schlagkräftige Truppe. Sie erlaubte es dem König, nach der Landung bei Peenemünde auf Usedom im Juni 1630 mit seinen Soldaten die Beschützerrolle für den Protestantismus im Heiligen Römischen Reich wahrzunehmen. Während einer kurzen Phase des Dreißigjährigen Krieges trat er bis zu seinem Tod am 16. November 1632 in der Schlacht bei Lützen erfolgreich als ebenbürtiger Gegenspieler der katholischen Habsburger und ihres Feldherrn Wallenstein in Mitteleuropa auf. Mit ihm erlosch die schwedische Wasa-Dynastie im Mannesstamm.

Die Bauernrekruten aus Finnland, die im Heer Gustavs II. Adolf mit auf die Kriegsschauplätze im Heiligen Römischen Reich gezogen waren, haben in den deutschen Landen keine guten Erinnerungen hinterlassen. Sie erwarben sich wegen ihrer unerbittlichen Kampfweise als «Hakkapeliten» (nach ihrem Schlachtruf «Hau drauf!», finn. *Hakkaa päälle!*») einen zweifelhaften Ruhm. Finnland selbst war von der königlichen Reformpolitik unmittelbar betroffen. Sie stand unter dem maßgeblichen Einfluss des Staatsmannes Graf Axel Oxenstierna (1583–1654), der dem schwedischen Hochadel angehörte und über mehrere Jahrzehnte im Amt des

Reichskanzlers (1512–1554) die Fäden der Politik in der Hand hielt. Die Planungen brachten eine Neuordnung der gesamten Staatsverwaltung, des Steuer- und Finanzsystems, des Heerwesens und der Rechtsprechung. Im Geiste des Merkantilismus erfolgte eine gezielte Förderung des Handels und des Bergbaus. Kupfer aus dem Faluner Bergwerk und Eisen waren begehrte Abbauprodukte für den Außenhandel. Gustav II. Adolf gab dem Drängen der Aristokratie nach und sicherte mit der «Ritterhausordnung» von 1626 dem Adel eine privilegierte Stellung in der Reichsverwaltung. In den Jahren 1641–1675 erhielt der schwedische Adel im Zentrum Stockholms im Riddarhuset ein repräsentatives Gebäude für seine Versammlungen. Die Mitwirkung der vier Stände – Adel, Geistlichkeit, Bürger und Bauern – an der Erörterung und Regelung der Reichsangelegenheiten war zuvor schon in der Reichstagsordnung von 1617 bekräftigt worden. Erst Jahrzehnte später konnte der zweite Wittelsbacher auf dem schwedischen Königsthron, Karl XI. (1660–1697), Herzog von der Pfalz-Kleeburg, die Ansprüche des Adels und der Stände zurückdrängen und die Beschränkungen der königlichen Machtbefugnisse wieder aufheben. Sein absolutistisches Regime entzog den politischen Ambitionen des Hochadels in Schweden und in Finnland vorübergehend den Boden. Er gewann durch die sog. Große Reduktion einen erheblichen Teil der an den Hochadel verschenkten bzw. teilweise verschleuderten Krongüter zurück. Den Landgewinn setzte er als Verfügungsmasse bei der Heeresreform von 1682 ein. Das sog. Einteilungswerk schuf ein neuartiges System der Untertanenbewaffnung. Die Verantwortung für die Rekrutierung und den Unterhalt der Truppen wurde den ländlichen Grundbesitzern übertragen, die sich zur Ausstattung eines Soldaten zu einer «Rotte» zusammenschlossen. In dem schwedischen kantonalen Rekrutierungssystem erfolgte die Entlohnung der Offiziers- und Mannschaftsdienste durch die naturalwirtschaftlich organisierte Versorgung aus Landzuweisungen und durch Steuerprivilegien. Einfachen Bauernrekruten wurden zum Unterhalt der Familie kleinere Soldatengüter (finn. *sotilastorppa*) mit geringem Landanteil zugewiesen. Für Reiterdienste standen größere sog. Sattelgüter (schwed. *rusthåll*, finn. *rustholli*) zur Verfügung, deren Besitzer in der dörflichen Gesellschaft eine herausgehobenere wirtschaftliche und soziale Stellung einnahmen.

Die Zentralisierungsmaßnahmen, die in der Regierungszeit Gustavs II. Adolf eingeleitet wurden, zielten auf eine Vereinheitlichung der einzelnen Reichsteile. Sie brachten auch für Finnland einschneidende Veränderungen. Als oberste Rechtsinstanz richtete der König ein Hofgericht in Stockholm (1614) ein, dem nur wenige Jahre später (1623) ein eigenes Hofgericht für Finnland in Åbo folgte. Die neuen Behörden der Zentralverwaltung arbeiteten, deutschen Vorbildern folgend, nach dem Kollegialprinzip. Die nach dem Tode Gustavs II. Adolf eingeführte «Regierungsform» von 1634 regelte die Verwaltungseinteilung des Reiches, den internen Verwaltungsablauf und die jeweiligen Zuständigkeiten. Sie war nach der Versicherung Axel Oxenstiernas auf dem Reichstag von Nyköping in ihren Grundzügen noch vom König selbst bestätigt worden. Als politisch-administrative Verwaltungsstruktur des Landes waren Provinzen oder Gouvernements (schwed. *län*, finn. *lääni*) vorgesehen, die einem königlichen Statthalter (schwed. *landshövding*, finn. *maaherra*) unterstanden.

In Finnland wurden die alten historischen Landschaften zu fünf Provinzen zusammengeführt:

1. Die Provinz Turku wurde aus den historischen Landschaften Eigentliches Finnland (finn. Varsinais-Suomi, schwed. Egentliga Finland), Satakunta (schwed. Satakunda) und Åland (finn. Ahvenanmaa, schwed. Åland) mit dem Vorort Åbo/Turku gebildet;

2. die Provinz Häme (schwed. Tavastland) aus den Landschaften Häme und Uusimaa (schwed. Nyland) mit dem Vorort Hämeenlinna (schwed. Tavastehus);

3. die Provinz Karelien (finn. Karjala, schwed. Karelen) aus den Landschaften Wiborg, Kymenkartano und Savo (schwed. Savolax) mit dem Vorort Viipuri (schwed. Viborg);

4. die Provinz Ostbottnien (finn. Pohjanmaa, schwed. Österbotten) mit dem Vorort Oulu – sie war erst 1635 als eigene Provinz vom schwedischen Norrland abgetrennt worden;

5. die Provinz Kexholm (finn. Käkisalmi) mit dem Vorort Kexholm (Käkisalmi, russ. Priozersk).

Die Namen der alten historischen Landschaften Finnlands haben sich teilweise in der Regionalgliederung der heutigen finnischen Staatsverwaltung noch erhalten. Seit der Verwaltungsreform von 1997, die zu einer Halbierung der Zahl der Provinzen von zwölf auf sechs führte, tauchen die alten Namen nur noch auf der nachgeordneten Verwaltungsebene bei den 20 «Landschaften» (finn. *maakunnat*) auf. Die nicht unumstrittene Benennung der neuen Provinzen vermeidet historische Reminiszenzen. Sie folgt, von Åland und dem finnischen Norden (Lappland und Oulu) abgesehen, dem nüchternen Schema geografischer Zuordnungen. Von den größten Abweichungen zwischen Geschichte und Gegenwart betroffen ist die seit dem 14. Jahrhundert zwischen Schweden und Russland geteilte historische Landschaft Karelien. Bei den neuen Grenzregelungen nach dem Ende des Zweiten Weltkrieges beanspruchte die damalige Sowjetunion einen Großteil des historischen Karelien mit der alten Hauptstadt Wiborg. Bei Finnland verblieb nur das nordwestliche Teilgebiet um Joensuu. Es bildet heute als Landschaft «Nordkarelien» zusammen mit den Landschaften «Nordsavo» und «Südsavo» die Provinz Ostfinnland.

Das Führungspersonal in den zentralen Einrichtungen, die unter Gustav II. Adolf geschaffen wurden, stellten vornehmlich Abkömmlinge der alten schwedischen Adelsfamilien. Ebenso ist die Leitung der Kirchengemeinden unter Isak Rothovius (1572–1652), der 1627 aus Nyköping zum neuen Bischof von Turku berufen wurde, vornehmlich schwedischen Pastoren anvertraut worden. Vertreter der Adelsfamilien Bielke, Brahe, de la Gardie, Horn, Fleming, Kurki, Sparre (Spåre), Tott (Thott) finden sich in Finnland unter den großen Gutsbesitzern und den leitenden Amtsträgern in der Militär- und Zivilverwaltung. Ihre Namen sind häufig unter den Generalgouverneuren vertreten, die während des 17. und 18. Jahrhunderts in Finnland von der schwedischen Krone eingesetzt wurden.

Der erste mit Sondervollmachten ausgestattete Generalgouverneur von 1623–1631, Nils Bielke, war gleichzeitig erster Präsident des neuen Hofgerichts in Turku. Den eigentlichen Landesausbau in Finnland hat Graf Per Brahe der Jüngere (1602–1680), Herr der Grafschaft Visingsborg in Småland und seit 1641 Reichsdrost Schwedens, in Gang gebracht. Königin Christina hatte ihn erstmals 1637 zum Generalgouverneur des finnischen Reichsteils berufen. Er war vom Familienclan der konkurrierenden Oxenstiernas aus der Reichszentrale verdrängt worden. Per Brahe hat auf seinen ausgedehnten Inspektionsreisen in seinem neuen Amtsgebiet einen persönlichen Eindruck von den Entwicklungsdefiziten des Landes gewonnen und maßgebliche Anstöße für die Verbesserung der Infrastruktur und für die wirtschaftliche Entwicklung gegeben. Zahlreiche Städtegründungen (u. a. Hämeenlinna, Savonlinna, Lappeenranta, Raahe, Kristiinankaupunki, Kajaani, Pietarsaari, Vehkalahti, Uusikaupunki, Kuopio, Käkisalmi) sind mit seiner Amtszeit verbunden. Sie wird auch als sog. Grafenzeit (finn. *kreivin aika*) in der Geschichte Finnlands bezeichnet. Per Brahe hat ältere Stadtanlagen nach vorgegebenen Musterplänen, die Anregungen der führenden zeitgenössischen Stadtplaner in Frankreich und in Italien aufnahmen, den Bedürfnissen einer neuen Zeit angepasst. Er ließ 1640 den Standort Helsinkis vom Vanda/Vantaa-Fluss näher an die Ostseeküste verlegen und schuf damit eine wesentliche Vorbedingung für den wirtschaftlichen Aufstieg der späteren Hauptstadt Finnlands. Seinen eigenen Namen versuchte er 1653 in dem kurzlebigen Brahea/Lieksa zu verewigen. Mit seinem Wirken zur Verbesserung des Bildungsangebotes in Finnland verbunden ist die Gründung des Gymnasiums in Wiborg und 1640 die Einweihung der Academia Aboensis, der heutigen schwedischsprachigen Universität in Turku. Die Gründungsurkunde datiert vom 26. März 1640, die Eröffnungsfeierlichkeiten fanden am 15. Juli statt. Die Akademie in Åbo ist 1827 durch die Verlegung nach Helsinki auch zur Vorläuferin der Universität in Helsinki geworden. Sie hat der finnländischen Provinz Schwedens zu einem ersten hoffnungsvollen Wissenschaftsstandort verholfen. Zusammen mit den Gymnasien an den jeweiligen Bischofssitzen sollte sie die Landeskinder zu den höheren Studien hinführen. Ihre Gründung steht im Zusammenhang mit den Bemühungen der Krone, höhere Lehranstalten auf der Grundlage des lutherischen Glaubens im schwedischen Reich einzurichten.

Die schwedische Verwaltung maß der Verbesserung der Verkehrswege und der Verbindung der einzelnen Reichsteile einen hohen Stellenwert bei. Das damalige Straßennetz ist heute noch in Finnland in groben Umrissen am Verlauf der großen west-östlichen Verbindungsstraßen zu erkennen. Zu den historischen Überland verbindungen zählen u. a. die sog. Obere Wiborgstraße (finn. Ylinen Viipurintie) zwischen Hämeenlinna und Wiborg, die Große Savostraße (finn. Suuri Savontie) von Hämeenlinna nach Savonlinna und die südliche Große Uferstraße (finn. Suuri rantatie, auch «Allgemeine Straße», finn. yleinen tie), die Stockholm über Turku mit Wiborg und St. Petersburg verbindet und für die heutigen Touristen auch als «Königsweg» (finn. Kuninkaantie) mit der Königskrone markiert ist. Noch weiter in die Vergangenheit zurück reicht die Entstehung der sog. Ochsenstraße (finn. Hämeen härkätie) zwischen Turku und Hämeenlinna. Unter Per Brahe gewann der östliche Reichsteil Schwedens Zugang zu weiteren Errungenschaften der «Kommunikationsrevolution» des 17. Jahrhunderts. Über den gezielten Um- und Ausbau der Infrastruktur und den Austausch von Zeitungen und Briefen mittels eines seit 1636 eingerichteten Stafettensystems wurde die Mobilität der Informationen und der Menschen nachhaltig befördert und die Modernisierung der frühneuzeitlichen Gesellschaft eingeleitet. 1649 wurde für das ganze Königreich die Anlage von Poststationen und Herbergen im Abstand von etwa zwei Meilen entlang der Überlandstraßen verfügt. In Finnland sind in diesem Zusammenhang die ersten Poststationen in den größeren Siedlungen eingerichtet worden.

Finnlands Ostgrenze

Die tiefgreifende Veränderung der geopolitischen Koordinaten in der Ostsee während der schwedischen Großmachtzeit hatte erhebliche Auswirkung auf die innere und äußere Sicherheit der finnischen Untertanen des Königs. Der Schwerpunkt ihres Siedlungsraumes an der Peripherie Schwedens brachte sie in eine exponierte Lage gegenüber den östlichen Nachbarn. Die Abgrenzung zum Novgoroder und später zum Moskauer Territorium auf der Karelischen Landenge und jenseits des Ladogasees war lange Zeit heftig umstritten und belastete die nachbarschaftlichen Beziehungen. Die erste vertragliche Regelung von 1323 markierte nur eine vorläufige Demarkationslinie. Sie ist in der Folgezeit von einer fortschreitenden bäuerlichen Rodungsarbeit in den ausgedehnten Waldarealen immer weiter nach Osten und Norden verschoben worden. Den Anstoß gaben obrigkeitliche Verordnungen, die auf eine stärkere bäuerliche Erschließung der Grenzregionen abzielten. Die Umsetzung erleichterten die in Ostfinnland üblichen Brandrodungen, die keine dauerhaften bäuerlichen Ansiedlungen erlaubten und zu einer ständigen Verlagerung der Anbauflächen zwangen. Eine Grenze, die im Waldgelände weithin offen und vor Ort kaum wahrnehmbar war, erforderte auf beiden Seiten erhöhte Verteidigungsanstrengungen. In den grenznahen Regionen herrschte so ein permanenter Kriegszustand. Ein alltäglicher Kleinkrieg mit lokal begrenzten Überfällen und Beutezügen provozierte immer wieder Gegenschläge und Vergeltungsaktionen. Sie brachten in periodischen Abständen eine gefürchtete Soldateska ins Land und gefährdeten die Erträge der bäuerlichen Feld- und Waldarbeit. Für die ansässige Bevölkerung musste der jeweils vertraglich vereinbarte aktuelle Grenzverlauf zudem als eine willkürliche Trennlinie empfunden werden. Sie wies in ihren langfristigen Auswirkungen Angehörige des gleichen Volkes mit gemeinsamer finnischer Sprache zwei völlig unterschiedlichen politischen, gesellschaftlichen und kirchlich-kulturellen Welten zu. Unter den politischen

Vorgaben der Reichzentralen in Stockholm und in Moskau verfestigte sich so ein Übergangs- und Begegnungsraum zwischen einer skandinavischen Zone adeliger und ständischer Freiheitsrechte und dem Einzugsbereich des autokratischen Systems der Moskauer Zaren, zwischen nordischem Freibauerntum und östlicher Leibeigenschaftsordnung, zwischen lateinischem und lutherischem Christentum auf der einen Seite und griechisch-orthodoxer russischer Staatskirche auf der anderen Seite, zwischen dem abendländischen Westen und einem in eurasische Zusammenhänge eingebundenen Osten.

Das Territorium Finnlands wurde unter diesen Konstellationen zwangsläufig zum vorrangigen Aufmarschgebiet der schwedischen Reichstruppen und zum ständigen Nebenkriegsschauplatz im Ringen um die Vorherrschaft an der Ostsee. Schon in der frühen Phase der Christianisierung eskalierte der Streit um die Missionsgebiete in Finnland und um die Steuerhoheit über die ansässige Bevölkerung zu einem jahrelangen Kleinkrieg zwischen den Schweden und der Stadtrepublik Novgorod. Den entscheidenden Durchbruch erzielten die Schweden mit der Eroberung des Tavastlandes in der Mitte des 13. Jahrhunderts und mit dem erfolgreichen Vorstoß nach Westkarelien. Die Kriegserfolge sicherte die 1293 erbaute Grenzfestung Wiborg ab. Der erste förmliche Friedensvertrag von Schlüsselburg im Jahre 1323 war nicht in der Lage, weitere Grenzkonflikte zu verhindern. Die Seherin Birgitta schaltete sich persönlich in die Auseinandersetzungen ein. Sie befürwortete einen neuen Kreuzzug in Karelien, der allerdings nicht den gewünschten Erfolg brachte. 1351 bestätigte ein in Dorpat unterzeichneter Vertrag erneut den Status quo. Zwei Jahrhunderte später, nach der Ablösung des Schwertbrüderordens als Landesherr 1561, wurde im Streit um die Aufteilung Livlands die in Schweden und in Polen-Litauen regierende Wasa-Dynastie in eine langwierige Auseinandersetzung mit dem russischen Zaren Ivan IV. dem Schrecklichen hineingezogen. Während dieses sog. Livländischen Krieges (1558–1583) sahen sich die Bewohner Schwedens und Finnlands nicht nur dem innerdynastischen Konflikt zwischen den katholischen Wasas und dem protestantischen Gegenspieler Herzog Karl ausgesetzt, sondern sie hatten auch einen 25-jährigen Krieg (1570–1595) mit Russland auszufechten, der beiden Seiten enorme Schäden zufügte. Von der finnischen Bevölkerung wird er auch als «Räuberkrieg» (finn. *rappa-sota*) oder als «Lange Fehde» (finn. *pitkä viha*) bezeichnet. In der Gemeinde Ylikiiminki erinnert im Dorf Vesala ein Denkmal an den in vielen Erzählungen besungenen finnischen Haudegen Pekka Vesainen, der sich während der langwierigen Grenzkonflikte mit verwegenen Kriegszügen im Feindesland hervortat und 1589 das orthodoxe Kloster Petsamo im hohen Norden erstürmte und nie-derbrannte. Die «Lange Fehde» endete 1595 mit einer Friedens-vereinbarung, die in Teusino (finn. Täyssinä), einem Dorf nahe Narva, unterzeichnet wurde. In Finnland selbst entluden sich die angestauten internen Spannungen im sog. Keulenkrieg von 1596/97. Nur wenige Jahre später gewannen unter König Karl IX. (1604 bis 1611) die Konflikte jenseits der Grenzen, in die sowohl das Mos-kauer Reich wie Polen hineingezogen wurden, eine neue Dimen-sion. In Estland und in Livland konnte Karl IX. zwar die polnische Gegenwehr nicht brechen. Er musste die Belagerung Rigas nach der vernichtenden Niederlage am 17. September 1605 gegen das polnische Entsatzheer bei Kirchholm an der Düna beenden und bis 1609 seine Truppen zurückführen. Erfolgreicher operierte er vom finnischen Boden aus gegen Russland. Die Schwächeperiode Mos-kaus nach dem Aussterben der Rjurikiden eröffnete Erfolg ver-sprechende Interventionsmöglichkeiten im russischen Bürgerkrieg. Karl IX. griff aktiv in die Moskauer Thronstreitigkeiten ein und be-teiligte sich als Verbündeter Vasilij Šujskijs am Feldzug gegen den «Falschen Demetrius», der von Polen unterstützt wurde. Auf dem Höhepunkt der sog. Zeit der Wirren (russ. *smuta*) zog im März 1610 vorübergehend eine schwedische Besatzung unter dem Feld-herrn Jacob de la Gardie in den Moskauer Kreml ein. Im Sommer 1611 bemächtigten sich die Schweden Novgorods und eroberten die Festungen Ingermanlands (Ivangorod, Jam, Kopor'e).

König Gustav II. Adolf (1611–1632) war nicht abgeneigt, die erfolgreiche Offensive seines Vaters an der Ostgrenze fortzusetzen. Mit Rücksicht auf die vordringlicheren Interessen im Baltikum und in Mitteleuropa fand er sich aber zu einem Arrangement mit dem neu gewählten Romanov-Zaren Michail bereit. Im Frieden von Stolbovo 1617 begnügte er sich mit einer Kriegsentschädigung und mit der Bestätigung seiner Herrschaftsrechte über Ostkarelien und Ingermanland. Der Friedensvertrag zwang den Zaren Michail zum

Verzicht auf den direkten Zugang zur Ostsee und erweiterte das finnische Territorium nach Osten bis zum Ladogasee (Provinz Südkarelien und Festung Kexholm). In den folgenden Jahren eroberte Gustav II. Adolf Riga (1621) und trotzte den Polen im Waffenstillstand zu Altmark im September 1629 ganz Livland sowie die wichtigsten ostpreußischen Hafenstädte (mit Ausnahme Danzigs) ab. Sie sind allerdings schon 1635 wieder verloren gegangen.

Das ostkarelische Kexholm wurde als eine eroberte Provinz behandelt und dem schwedischen Reich ohne Sonderrechte eingegliedert. Den Bewohnern, die mehrheitlich der orthodoxen Kirche angehörten, wurde kein Vertretungsrecht auf den Reichstagen zugestanden. Sie sahen sich nach dem Friedensschluss ebenso wie ihre Glaubensbrüder im benachbarten Ingermanland, die Woten und Ischoren, obrigkeitlichen Missionierungsversuchen ausgesetzt, die sie zum Luthertum bekehren sollten. Der König verpflichtete eigens aus den Niederlanden den Buchdrucker Peter van Selovin, der für die neuen Untertanen den Druck religiöser Bücher besorgen sollte. 1644 erschien auf Veranlassung des Wiborger Bischofs Petrus Bjugg ein Katechismus, dessen finnischsprachiger Text mit kyrillischen Buchstaben gedruckt war. Der religiöse Zwang veranlasste die orthodoxen Finnen (Karelier) zum Abzug in das Innere des russischen Reiches, wo sie sich um Tver' niederließen. Ihre Nachkommen haben bis heute in der Enklave Tver'-Kareliens überlebt. In ihre bisherigen Siedlungen rückten sehr rasch lutherische Schweden und Finnen nach.

Die erfolgreiche Großmachtpolitik der schwedischen Könige im östlichen Ostseebereich hat den Bewohnern Finnlands einen hohen Blutzoll abverlangt. Die finnischen Bauern waren als Steuerzahler und als Opfer königlicher Rekrutierungsmaßnahmen in besonderer Weise betroffen. Kriegsnot und die Zwänge des täglichen Überlebenskampfes gegen die Unbilden der Natur und gegen marodierende Invasionstruppen prägten über mehrere Jahrzehnte die Lebenswelt der Landbevölkerung. Auf dem Höhepunkt der schwedischen Ostexpansion unter Gustav II. Adolf war Finnland zur strategisch wichtigen Landverbindung mit den jüngsten Eroberungen in Ingermanland, Estland und Livland geworden. Es war eingebunden in den territorialen Sperrgürtel, der den russischen Nachbarn völlig von den Gestaden des Finnischen Meerbusens abdrängte. Das Erstarken Russlands unter der Herrschaft der Romanov-Zaren (1613–1917) leitete ein Jahrhundert später eine Kehrtwende ein. Mit der nun einsetzenden folgenreichen Westverschiebung der russischen Grenze geriet zwangsläufig das finnische Territorium erneut in die unmittelbare Gefahrenzone. Peter der Große kämpfte im Großen Nordischen Krieg gegen seinen Gegenspieler, den Schwedenkönig Karl XII., den Zugang zur Ostsee wieder frei. Die Kampfhandlungen, die sich zunächst auf Livland und die Ukraine konzentrierten, zogen sich über zwei Jahrzehnte (1700–1721) hin. Nach der vernichtenden Niederlage Karls XII. in der Schlacht von Poltava am 8. Juli 1709 verlagerte sich das Kriegsgeschehen in der zweiten Kriegsphase wieder an die Ostsee. Livland, Estland und Finnland wurden zum Kriegsschauplatz. Die Bevölkerung sah sich den verheerenden Folgen einer russischen Gegenoffensive ausgesetzt. Die Festung Wiborg musste sich vor der Übermacht der Angreifer am 14. Juni 1710 ergeben, Riga fiel am 4. Juli, Reval am 29. September. Die Städte und die Ritterschaft Livlands und Estlands ergaben sich dem russischen Zaren und ließen sich in förmlichen Unterwerfungsverträgen ihre Standesprivilegien bestätigen. Drei Jahre später, am 28. August 1713, zogen russische Truppen in Turku ein. Russische Besatzungstruppen übernahmen die Kontrolle im ganzen Land. In der finnischen historischen Erinnerung lebt diese Epoche der Unterdrückung als der «Große Unfriede» (finn. *iso viha*) fort.

Finnland musste für die Beilegung des schwedisch-russischen Konfliktes einen hohen Preis zahlen. Die russischen Truppen hinterließen ein verwüstetes Land. Zahlreiche städtische Siedlungen wie Helsinki, Lappeenranta, Pietarsaari und Porvoo waren im Zuge der Kriegshandlungen niedergebrannt worden. Der siegreiche Zar Peter I., der um eine Vorfeldsicherung seiner neuen Reichsmetropole St. Petersburg besorgt war, ließ sich 1721 im Frieden von Nystad (Uusikaupunki) neben Livland, Estland und Ingermanland die südostfinnischen Gebiete um Wiborg und Kexholm abtreten. Seine Tochter, die Zarin Elisabeth, erweiterte 1743 diesen Brückenkopf durch Gebietsarrondierungen auf der karelischen Landenge bis zum Kymijoki und zum Saimaa-Seengebiet mit den Städten Savonlinna, Lappeenranta und Hamina an der Südküste. Den Schlusspunkt der schwedisch-russischen Grenzverschiebungen setzte ein halbes Jahrhundert später Zar Alexander I. Er löste nach dem erneuten Waffengang mit Schweden 1809 im Frieden von Fredrikshamn (Hamina) endgültig die jahrhundertealten Bindungen Finnlands an Schweden. Als «Großherzogtum Finnland» wurde es bis zur Selbstständigkeit im Jahre 1917 Bestandteil des russischen Vielvölkerstaates.

Deutsch-finnische Gemeinsamkeiten

Neben den Schweden spielten in der Geschichte Finnlands die Deutschen eine wichtige Rolle. Als die gegebenen Vermittler traten im Hochmittelalter die Hansekaufleute auf. Großzügige Handelsprivilegien der schwedischen Könige hatten ihnen den Weg über die Ostsee geebnet. Das Warenangebot, das sie aus Finnland zu den westeuropäischen Märkten verfrachteten, umfasste vor allem die Rohstoffe der nordischen Wälder: Pelze, Häute und Felle, Wachs, Teer, Harz, Fische etc. Im Tauschgeschäft boten sie das begehrte Salz aus Lüneburg, niederländische Tuche, Metallwaren und allerlei Kramwaren.

Im 13. Jahrhundert sorgte die Ausbeutung der schwedischen Kupferminen und Eisenvorkommen für eine dauerhafte Verbindung zwischen Schweden und Lübeck. Deutsche Zuwanderer gewannen als Kaufleute und Handwerker in den süd- und mittelschwedischen Handelszentren (Kalmar, Söderköping) eine beherrschende Stellung. Sie waren maßgeblich an der Gründung Stockholms beteiligt und gaben auch zu den ersten Städtegründungen auf finnischem Boden wesentliche Anstöße. Den händlerischen Aktivitäten lübischer und gotländischer Kaufleute am Mündungsarm des Auraflusses verdankt es wohl Åbo (Turku), dass es in der zweiten Hälfte des 13. Jahrhunderts dem älteren flussaufwärts gelegenen Handelsplatz Koroinen (schwed. Korois) – seit 1229 Sitz des Missionsbischofs in Finnland – den Rang ablief. In der Kaufmannssiedlung um die Festung Wiborg, die Marschall Tyrgils Knutsson 1293 nach der Eroberung Westkareliens als vorgeschobenen Grenzposten gegen Novgorod angelegt hatte, übernahmen die deutschen Russlandfahrer ebenfalls eine Führungsrolle.

In der finnischen Volksüberlieferung hat sich (u. a. in dem Lied von der unglücklichen Liebschaft eines finnischen Mädchens zu dem untreuen «Inseldeutschen» Hannus Saaren Saksalainen) die Erinnerung an die Begegnungen mit Hansekaufleuten lebendig erhalten. Der verbreitete Sachsenname in der topografischen Nomenklatur Finnlands weist auf rege Austauschbeziehungen hin. Noch im heutigen finnischen Sprachgebrauch wird der Deutsche mit dem «Sachsen» (finn. *saksalainen*) gleichgesetzt. Vermutungen, dass deutsche Helfer in noch stärkerem Maße bei Militäraktionen in Finnland im 13. Jahrhundert engagiert waren, stützen sich auf die auffallende Häufung deutscher Dorf-, Hof- und Familiennamen in den ältesten südwestfinnischen Landschaften (d.h. in den heutigen Provinzen Varsinais-Suomi, Satakunta, Uusimaa und Häme). Möglicherweise gehen sie auf jene deutschen Kreuzfahrer und Ritter aus Livland zurück, die in den 30er-Jahren des 13. Jahrhunderts dem Aufruf des Papstes gefolgt waren, bei der Befriedung des Tavastlandes Waffenhilfe leisteten und die Missionsarbeit des Bischofs Thomas von Finnland (1220–1265) aktiv unterstützten.

Dass Deutsche am Bau einiger früher Burganlagen beteiligt waren, wird durch architektonische Gemeinsamkeiten mit norddeutschen Bauten und durch auffallende toponymische Übereinstimmungen nahegelegt. Die Burg Raseborg leitet ihren Namen wohl von Ratzeburg ab, und aus der Benennung von Junckersborg lässt sich auf die Anwesenheit deutscher Ritter schließen. Das Deutschordensland mit seinen trutzigen Wehranlagen (Marienburg, Marienwerder) ist im 14. und 15. Jahrhundert, in der Zeit deutscher Könige, für den Festungsbau auf finnischem Boden richtungsweisend geworden. Der Ausbau der Schlossfestungen von Turku, Hämeenlinna, Wiborg und Olavinlinna (Olafsburg) wurde teilweise erfahrenen Baumeistern aus dem Baltikum übertragen. Aus dem 16. Jahrhundert sind die Namen von Johann Mess, der 1560 nach Wiborg kam, und dem Livländer Peter Hertzig bekannt, der 1587 vom König zum Baumeister Finnlands und Livlands bestellt wurde. Der aus Ostpreußen stammende Henrich von Cöllen baute zur gleichen Zeit Schloss Gripsholm und beteiligte sich am weiteren Ausbau von Hämeenlinna und Wiborg. Deutsche Handwerksmeister, Künstler und Architekten traten auch in der Folgezeit mehrfach in Erscheinung. Unter den Meistern, die im Turkuer Schloss an der künstlerischen Ausstattung des Erweiterungstraktes im Stile der Zeit mitwirkten, wird für die Jahre von 1560–1563 ein Abraham von Wittenberg als Fliesenmeister erwähnt. In den 80er-Jahren war ein Michael Kramer aus dem pommerschen Stargard tätig. Ein Jahrhundert später, 1678, schuf der deutsche Bildhauer Peter Schultz in der Laurentiuskapelle des Turkuer Domes in barocker Monumentalskulptur die Grablege des Feldmarschalls Åke Tott († 1640) und seiner Frau Sigrid Bielke. In der Mitte des 18. Jahrhunderts genoss der Braunschweiger Johan Georg Geitel (1681–1771) als Porträtmaler unter den Honoratioren der städtischen Gesellschaft in Turku ein hohes Ansehen. Aus seiner Werkstatt stammt auch das Altarbild (Abendmahl und Kreuzigung) in der Kirche von Laitila (1758). Als Stadtplaner und Turkuer Stadtarchitekt wirkte in der zweiten Jahrhunderthälfte Christian Friedrich Schröder (1722–1789). Er hat den zeitgenössischen französischen Rokoko und Klassizismus mit altertümelnden Stilformen angereichert (Rathaus in Rauma 1776 bis 1777) und die Bauentwürfe für zahlreiche schlossartige Herrensitze geliefert (u. a. Fagervik in Inkoo/Ingå, Lapila in Naantali, Lempisaari in Askainen, Teijo in Perniö/Pernaja, Viksberg in Paimio, Nuhjala bei Taivassalo).

Unter den in Finnland heimischen Adelsgeschlechtern haben Familien deutscher Abkunft neben den Schweden und Dänen einen beachtlichen Anteil. Viele Namen verweisen auf Beziehungen zu baltendeutschen Adelsfamilien. Sie finden eine Entsprechung in den engen familiären Verbindungen deutschstämmiger Bürger finnischer Städte zu ihren Handelspartnern in Reval, Danzig oder Lübeck. Der finnische Außenhandel blieb auch in der Zeit der schwedischen Vorherrschaft bis ins 16. Jahrhundert in den Händen deutscher Kaufleute. Sie haben im gesellschaftlichen und kulturellen Leben ihres Gastlandes, das vielen zur zweiten Heimat geworden ist, tiefe Spuren hinterlassen. In ihrem Umkreis hat sich von den südfinnischen Handelsplätzen aus die hanseatische Stadtkultur verbreitet. Sie lässt sich schon am äußeren Erscheinungsbild und den topografischen Eigentümlichkeiten der frühen Stadtanlagen in Finnland erkennen. Sie reproduzieren lokale Varianten eines hansischen Stadttyps. Dieser war gekennzeichnet durch einen regelmäßigen, meist rechteckigen Grundriss. Um das die Stadtszene beherrschende Marktgeschehen gruppierten sich in zentraler Lage die Hauptkirche und die repräsentativen öffentlichen Profanbauten (Rathaus, Gewandhaus und Markthalle) sowie die aufwendig gestalteten Wohnhäuser der reicheren Bürger.

Als charakteristische Stilform hatte sich im gesamten Ostseebereich im 14. Jahrhundert die Backsteingotik durchgesetzt. Die mittelalterlichen Steinkirchen in Finnland sind in der Regel aus behauenen Felssteinen zusammengefügt worden. Die teueren Backsteine fanden in den südfinnischen Kirchenbauten des ausgehenden 14. und 15. Jahrhunderts vornehmlich als Giebelverzierungen, für Tür- und Fenstereinfassungen und für Pfeilerverkleidungen Verwendung. Zu den reinen Backsteinbauten in Finnland zählen nur der Dom von Turku, der an der Stelle der ehemaligen hölzernen Kirche der deutschen Handelskolonie entstanden ist, und die Kirche in Hattula. An der ersten Bauphase der dreischiffigen Basilika in Turku waren offensichtlich deutsche (baltische) Baumeister beteiligt. Ähnliche künstlerische Beeinflussungen zeigen sich an der Kirche von Hattula aus dem 15. Jahrhundert, die im Tavastland den Übergang zum steinernen Kirchenbau einleitete. Sie ist Anfang des 16. Jahrhunderts in üppiger Weise mit Wandmalereien versehen worden, die Holzschnittvorlagen biblischer Themen verarbeiten. Den Dom zu Porvoo (Borgå) soll der Rostocker Baumeister Carsten Nybuhr Anfang des 15. Jahrhunderts errichtet haben. Er ist für eine Reihe weiterer Steinkirchen in Uusimaa zum Vorbild geworden. Die teilweise aufwendigen und kostspieligen Interieurs der Kirchen – geschnitzte Altarschreine und wertvolle Holzskulpturen – sind häufig aus den norddeutschen Hansestädten (vornehmlich aus Lübeck und Danzig) und aus den Niederlanden importiert worden. In den Kirchen Satakuntas überwiegen demgegenüber schwedische Einflüsse. Der reich verzierte Altarschrein in der Kirche von Somero ist um 1510 wohl in Stralsund entstanden. Der Altar in Pernaja (Uusimaa) stammt aus Lübeck (1510–1520). Der Flügelaltar (Barbara-Altar) in der Kirche von Kalanti (dem früheren Nykyrko), der heute im Nationalmuseum in Helsinki aufbewahrt wird, ist ein Frühwerk des Hamburger Malermönches Meister Francke (Frater Francke) an der Wende zum 15. Jahrhundert († nach 1430).

Einwirkungen einer typisch deutschen Stadt- und Bürgerkultur spiegeln sich auch in der mittelalterlichen Bildungsgeschichte Finnlands wider. Im bürgerlichen Milieu der Handelsstädte behauptete die deutsche Sprache eine dominierende Stellung. Seit der Verbreitung des lübischen Rechtes im gesamten Ostseeraum diente sie bei der Abwicklung der Handelsgeschäfte lange Zeit als internationales Verständigungsmittel. Dies ist noch deutlich an der Lexik und

Syntax des Schwedischen erkennbar. Die fachspezifische Terminologie des Handels, des Handwerks und der städtischen Verwaltung und Rechtsprechung ist weitgehend aus dem Deutschen entlehnt und in Schweden-Finnland bis ins 19. Jahrhundert maßgebend gewesen. Zunächst stand die niederdeutsche Mundart im Vordergrund, spätestens mit der Reformation gewann das Oberdeutsche als Kirchensprache immer mehr an Boden.

Die bestehenden engen Geschäftsbeziehungen legten es nahe, dass Untertanen des schwedischen Königs in Finnland, die nach den höheren Weihen der Wissenschaft strebten, sich im 15. Jahrhundert vornehmlich an den norddeutschen Universitäten Leipzig, Erfurt, Rostock und Greifswald einschrieben. Seit der Reformationszeit bevorzugten finnische Studierende vor allem die Universität in Wittenberg als Ausbildungsstätte. Über nord- und mitteldeutsche Städte ist noch im 15. Jahrhundert der Buchdruck nach Finnland vermittelt worden. Im Jahre 1488 hatte der Turkuer Bischof Konrad Bitz im Hinblick auf die speziellen liturgischen Bedürfnisse seiner Kirche das voluminöse «Missale Aboense» in der Werkstatt des bekannten Lübecker Buchdruckers Bartholomäus Gothan in Auftrag gegeben. Es ist der erste für Finnland bestimmte Buchdruck. Im Jahre 1522 folgte mit einem Halberstadter Druck das «Manuale seu exequiale Aboense», eine Agende mit Texten für besondere geistliche Amtshandlungen (sog. Kasualien). Eineinhalb Jahrhunderte später ist mit deutscher Hilfestellung der erste Druckereibetrieb in Finnland eingerichtet worden. Im Herbst 1642 wechselte der deutsche Drucker Peter Wald von Västerås nach Turku und baute an der 1640 gegründeten Akademie eine Druckerwerkstatt auf. Im gleichen Jahr ließ sich der Lübecker Laurentius Jauchius als erster Buchhändler in Turku nieder.

Durch die Hansekaufleute ist Schweden-Finnland nicht nur mit einzelnen Errungenschaften deutscher Bürgerkultur in Berührung gekommen. Die deutschen Einwanderer brachten auch ihre aus genossenschaftlichen Zusammenschlüssen erwachsenen Rechtsvorstellungen sowie ihre kaufmännischen und handwerklichen Organisationsformen mit. Mit den Deutschen hielten die Ratsverfassung und die Kaufmanns- und Handwerksgilden Einzug in die städtischen Siedlungen Schwedens und Finnlands. Sie bereicherten das noch wenig entwickelte Sozialgefüge der finnischen bäuerlichen

Gesellschaft, obwohl die Ratssitze zunächst mehrheitlich in deutscher Hand blieben und Aufsteiger aus der heimischen Bevölkerung kaum eine Chance hatten. Die schwedischen Könige suchten dieser Entwicklung gegenzusteuern. Im Stadtrecht des Magnus Eriksson (Mitte des 14. Jahrhunderts) war der Anteil der Deutschen auf die Hälfte der Ratssitze in den Städten des schwedischen Reiches beschränkt worden. Das königliche Privileg wurde im Jahre 1471 zur Gänze widerrufen, als sich der Niedergang der einst stolzen Hanse immer deutlicher abzuzeichnen begann.

Der überraschende Zugriff Ivans IV. des Schrecklichen auf Livland im sog. Livländischen Krieg (1558–1582) löste vorübergehend einen Handelsboom in den ostfinnischen Städten aus. Der Hafen von Wiborg wurde nach dem Ausfall Narvas zu einer bevorzugten Anlegestelle der hansischen Russlandfahrer. Der Aufstieg Moskaus und der Untergang des livländischen Ordensstaates ließen aber nur noch beschränkte Entfaltungsmöglichkeiten auf dem russischen Markt zu. Die Hanse verlor im 16. Jahrhundert endgültig ihr Handelsmonopol in der Ostsee, und die Niederländer gewannen als Konkurrenten zusehends an Boden. Die politischen Auswirkungen des Dreißigjährigen Krieges entzogen dem hansischen Städtebund vollends die territoriale Basis im Ostseehandel.

Die Reformation leitete eine neue Phase intensiver deutsch-finnischer Wechselbeziehungen ein. Sie fiel in Schweden zeitlich zusammen mit der endgültigen Herauslösung aus der Union der drei nordischen Reiche unter den Wasa-Königen und mit dem Zusammenbruch der wirtschaftlichen Vorrangstellung der Hanse. Den Finnen verhalf Luthers Plädoyer für die kirchliche Verkündigung in der Volkssprache mit den Übersetzungsleistungen des rührigen Reformators Michael Agricola († 1557) zu einer ersten Sprachnormierung. Schon in katholischer Zeit hatte sich das kirchliche Leben in Finnland am deutschen theologischen Denken orientiert. Trotz der kirchlichen Verselbstständigung Dänemarks und Schwedens durch die Gründung der Erzbistümer Lund (1104) und Uppsala (1164) waren in der Hansezeit die Verbindungen zu den norddeutschen kirchlichen Zentren nicht abgebrochen worden. Allerdings hatte im 13. und 14. Jahrhundert der französische Sprach- und Kulturraum mit der Universität in Paris und der päpstlichen Residenz in Avignon zunächst eine stärkere Anziehungskraft. Mit der

Reformation ist dann ein neuer Weg zur Volkskirche beschritten worden, behutsam vorbereitet durch eine den Reformideen der Zeit zuneigende finnische Kirchenführung. Die reformatorische Lehre fand im Laufe des 16. Jahrhunderts schrittweise Eingang in die Gemeinden. Den Bewohnern Schwedens und Finnlands blieben so gewaltsame innerkirchliche Auseinandersetzungen und schmerzliche Umbrüche erspart.

Die Bischöfe und die Mitglieder des Domkapitels in Turku hatten sich damals schon in der Regel auf mitteleuropäischen Universitäten eine zeitgemäße theologische Bildung angeeignet. Zahlreiche führende Kirchenmänner waren mit einem Magisterdiplom in ihre Heimat zurückgekehrt. Sie waren aufgeschlossen für die reformkatholischen Bemühungen zur Erneuerung des kirchlichen Lebens und warben in ihren Predigten für den neuen Geist. Der künftige Reformator Finnlands, Michael Agricola aus dem Kirchspiel Pernaja im östlichen Uusimaa, war erstmals in Turku durch Petrus Särkilahti, der einem alten Adelsgeschlecht entstammte und in Deutschland studiert hatte, in die reformatorische Lehre eingeführt worden. 1536–1539 hat er sich im engsten Umkreise Luthers und Melanchthons in Wittenberg auf seine künftige Aufgabe in Finnland vorbereitet. Als Rektor der Kathedralschule in Turku (1539 bis 1548) und schließlich als Nachfolger seines Gönners Martin Skytte († 1550) im Bischofsamt (1554–1557) hat er der Reformation in Finnland zum Durchbruch verholfen. Noch während seines Aufenthaltes in Wittenberg hatte er, angeregt durch Luthers Beispiel, mit seinen Übersetzungsarbeiten begonnen. Sie wurden nach seiner Rückkehr abgeschlossen und erschienen in rascher Folge im Druck. Michael Agricola schenkte dem finnischen Kirchenvolk mit dem 1543 in Stockholm gedruckten ABC-Buch eine erste Anleitung zum Lesen in der Muttersprache. Im Gebetbuch von 1544 (finn. «Rucouskiria Bibliasta») stellte er die für den kirchlichen Gebrauch notwendigen Texte zusammen und leistete mit der Übertragung von Bibeltexten und insbesondere mit der Übersetzung des Neuen Testaments (finn. Se Wsi Testamenti, 1548) in einem an Luthers Texten geschulten Sprachverständnis maßgebliche Vorarbeit für die künftige Entwicklung einer finnischen Schriftsprache.

Ebenfalls in Wittenberg studiert hatte Agricolas Freund und Nachfolger als Rektor der Turkuer Kathedralschule und im Bischofamt (1563–1575), Paul Juusten. Er gilt mit seinem «Chronicon episcoporum finlandensium» als der erste namentlich bekannte Geschichtsschreiber Finnlands. Mit der kommentierten Neuausgabe dieses Werkes hat Henrik Gabriel Porthan 1784–1799 die kritische Mittelalterforschung in Finnland eröffnet. In den Jahren 1554–1563 war Juusten nach der Teilung des Bistums Åbo/Turku erster Amtsinhaber des neu gegründeten Bistums Wiborg und übte die Jurisdiktionsrechte über die östlichen Landesteile aus. Ebenfalls in Wittenberg studiert hatte Jacobus Finno († 1588), dessen erstes finnisches Gesangbuch (1583) den Gläubigen eine Auswahl aus Luthers Chorälen in finnischer Übertragung anbot. Unter den 101 Chorälen, die er in seine Sammlung aufnahm, befanden sich allein 42 Übersetzungen aus dem Deutschen (darunter 19 Choräle Luthers). Auf deutsche Vorlagen stützte sich auch Ericus Erici (Sorolainen), der langjährige Bischof von Turku (1585–1625), bei seiner zweiteiligen Postille, die 1621 und 1625 im Druck erschien. Er hatte an der Universität Rostock studiert und schöpfte bei seinem umfangreichen Werk aus einer intimen Kenntnis der deutschsprachigen lutherischen Predigtsammlungen. Dem einfachen Volk wurde noch im 17. Jahrhundert die reformatorische Lehre über Luthers Katechismus nahegebracht. Der große Volksbildner und gelehrte Turkuer Bischof, Johannes Gezelius d. Ä. (1615–1690), der an der Universität Dorpat den Magistergrad erworben hatte, gab den Pfarrern mit seiner Fibel «Yxi paras Lasten tavara» vom Jahre 1666 eine viel benutzte Unterrichtsanleitung an die Hand. Sie enthielt eine Übersetzung des Kleinen Katechismus von Luther, ein zwölfseitiges ABC-Buch und einen Fragekatalog für die traditionellen häuslichen Katechismusprüfungen. Das erfolgreiche Volksbuch erlebte in eineinhalb Jahrhunderten 80 Auflagen.

Die Kontakte Finnlands zum deutschen Geistesleben gingen auch im 17. und 18. Jahrhundert nicht ganz verloren, als der schwedische Einfluss in Gesellschaft und Kirche dominierte und die alten hansischen Verbindungen gelockert oder ganz unterbrochen waren. Der Theologendisput an der Turkuer Akademie wurde in gleicher Weise durch Anregungen des Hallensischen Pietismus befruchtet wie durch die aufklärerische Philosophie Christian Wolffs (1679 bis 1754). Die Wolffianer gewannen zeitweise unter den Professoren einen starken Anhang.

Ein heute auch in Deutschland nahezu vergessenes Kapitel deutsch-finnischer Kulturbeziehungen wurde im 18. Jahrhundert im östlichen Finnland auf dem Boden des sogenannten Alten Finnland (schwed. Gamla Finland, finn. Vanha Suomi) geschrieben. Die Landstriche um die alten schwedischen Grenzfestungen Wiborg und Kexholm teilten im Zeitalter Peters des Großen das politische Schicksal der Ostseeprovinzen Estland, Livland und Kurland. Als 1721 und 1743 erworbene Randprovinzen des russischen Reiches blieben sie in verwaltungstechnischer Hinsicht auch nach der Okkupationszeit sehr eng miteinander verbunden. Sie wurden den gleichen Zentralbehörden in St. Petersburg unterstellt. Das «Justizkollegium der Livländischen und Estländischen Angelegenheiten» (seit 1762 mit der erweiterten Titulatur: Justizkollegium der Livländischen, Estländischen und Finnländischen Angelegenheiten) war die oberste Gerichts- und Appellationsinstanz. Das ihm 1739 zugeordnete «Kammerkomptoir für Liv- und Estländische Sachen» war für Wirtschafts- und Steuersachen zuständig. Aus dieser Sachlage ergaben sich zwangsläufig auf der Ebene der Beamtenschaft, aber auch in den Führungspositionen des Militärs engere Kontakte zwischen Wiborg und den Deutschbalten.

Die Mehrsprachigkeit war eine auffallende Besonderheit des Wiborger Gouvernements. Sie ist von dem damaligen Gouverneur Nikolai Henrik Engelhardt in der deutschsprachigen Beschreibung seines Amtsbezirkes, die für die Zarin Katharina II. bestimmt war, 1767 eigens hervorgehoben worden: «Doch wird die Schwedische Sprache am besten gesprochen in Friedrichshaven, die Deutsche in Wiborg und die Russische in Kexholm. Die Finnische ist die allgemeine Sprache des Landmannes, sowohl der Careler als der übrigen Finnen, wird aber auch von allen Standes Personen gesprochen.» In Wiborg selbst hatte die deutsche Kaufmannschaft noch aus mittelalterlicher Zeit eine starke Stellung bewahrt. Das Bürgermeisteramt und die Mehrheit der Ratssitze waren im 18. Jahrhundert fest in deutscher Hand. Eine kleine Gruppe reicher Bürger, die mehrfach miteinander verschwägert waren, teilte sich in die lukrativen Wirtschaftsunternehmen und gewerblichen Betriebe (Mühlen, Sägewerke, Glasfabriken u. a.). Einige namhafte Kaufmannsfamilien deutscher Herkunft lassen sich bis in die Frühzeit Wiborgs zurückverfolgen. In russischer Zeit erhöhten weitere Zuwanderer, die teilweise über baltische Zwischenstationen den Weg nach Alt-finnland fanden, den deutschen Anteil. Aus Nevanlinna waren u. a. die Nahts, Pülses und Lundhs sowie die weitverzweigten Ge-schlechter der Kaufleute und Ratsherren Jänisch und Lado nach Wiborg übersiedelt. Die ursprünglich in Hamburg beheimateten Hackmanns trafen 1777 aus Bremen ein, die Glasenmeyers 1788 aus St. Petersburg.

In den 20er-Jahren des 18. Jahrhunderts führte der Magistrat in seinem inneren Geschäftsgang das Deutsche als Amtssprache ein. Zu dieser Zeit diente es auch im Schriftwechsel mit den Zen-tralbehörden in St. Petersburg, deren Beamtenstellen meist durch deutschsprachiges Fachpersonal aus den Ostseeprovinzen besetzt waren, neben dem Russischen als gängiges Verständigungsmittel. Es wurde an der deutschen Schule in Wiborg gepflegt und ver-breitert; in Sonderkursen wurden auch Mädchen unterrichtet. Als allgemeine Schulsprache Altfinnlands erhielt das Deutsche im Jahre 1803 noch eine zusätzliche Aufwertung, als das Wiborger Gouver-nement im Zuge der von Zar Alexander I. eingeleiteten Bildungs-reform dem deutschen Schulsprengel der Universität Dorpat zu-geteilt wurde. Deutsche Pädagogen besorgten den Fachunterricht am Wiborger Gymnasium. Für die städtische Bibliothek wurden vornehmlich deutschsprachige Bücher angekauft. Zahlreiche auf-strebende Söhne aus den Kaufmannsfamilien suchten zur weiteren Berufsausbildung deutsche Universitäten (Jena, Göttingen, Halle) auf. Nach 1803 nahm die deutschsprachige Universität Dorpat in größerem Umfange Studenten aus Wiborg auf, die eine Vorbe-reitung auf den russischen Staatsdienst anstrebten. In die Beamten-stellen der Provinzialregierung rückten deutsche Juristen und Ver-waltungsfachleute aus den russischen Ostseeprovinzen ein, deren Familien nach Altfinnland übersiedelten und sich in die lokale Füh-rungsschicht integrierten.

Aus dieser Sachlage mussten den finnischen Bauern nicht nur Nachteile erwachsen. So war ihnen deutscher Rechtsbeistand sicher, wenn sie erhöhte Leistungsanforderungen abwenden woll-ten, die die sog. Donationsherren, die adeligen Grundbesitzer auf ursprünglichem Staatsland, seit der Jahrhundertmitte erhoben und auf dem Rechtswege durch alle Instanzen durchzufechten ver-suchten. In Appellationsangelegenheiten vor dem obersten Reichsgericht obsiegte die finnische Seite mehrfach dank der Gutachten deutscher Sachverständiger, die auf die besondere Rechtssituation Altfinnlands, die aus schwedischer Zeit verbrieften freibäuerlichen Privilegien und die Besitzstandsgarantien der Bauern auf Kronland, verwiesen. Dass dabei die deutsche Beamtenschaft selbst in hohem Maße von der Rechtsauslegung profitierte, lässt sich an den Grundbesitzverhältnissen am Ausgang des 18. Jahrhunderts ablesen. Deutsche Kaufleute und Unternehmer hatten sich schon länger in das Bauernland im Wiborger Kirchspiel eingekauft. Militärpersonen, Pastoren und Handwerker nutzten die im schwedischen Recht verankerten Verfügungsrechte der bäuerlichen Besitzer zur preiswerten Geldanlage und zur eigenen Alterssicherung. In den 70er-Jahren traten auch Beamte der Gouvernementsverwaltung und des mit Grundstücksangelegenheiten befassten Kameralhofes als Landaufkäufer in Erscheinung.

Durch die engen Verbindungen Altfinnlands zum deutschen Sprach- und Kulturraum hielten in der zweiten Hälfte des 18. Jahrhunderts die fortschrittlichen pädagogischen Ideen der Aufklärungszeit nach dem Vorbild der philanthropischen, später der neuhumanistischen Bildungseinrichtungen und Musterschulen in Deutschland hier erheblich früher Einzug als im eigentlichen Finnland. Unter schwedischer Herrschaft war das Schulwesen in den Bildungszielen und dem angebotenen Fächerkanon noch weiterhin einem engen kirchlichen Einfluss verhaftet geblieben. Aus dieser Situation sollte schon wenige Jahre später, nach der Wiedereingliederung der altfinnischen Gebiete in das Großfürstentum Finnland unter russischer Herrschaft (1812), ein lange anhaltender «Kulturstreit» entstehen. Die Erfahrungen der in Altfinnland tätigen Pädagogen wurden von Erik Gabriel Melartin (1780–1847) in die Grundsatzdiskussionen um die zeitgemäßen Bildungsinhalte und Organisationsformen des öffentlichen finnischen Bildungswesens eingebracht. Er wirkte 1810 bis 1813 als oberster Schulinspektor in Wiborg und lehrte seit 1812 als Theologieprofessor an die Turkuer Akademie. 1833 bis zu seinem Tod hatte er das Bischofsamt in Turku inne.

Finnlands Binnengrenzen

Die Bevölkerung Finnlands lebte am Ende des 17. Jahrhunderts noch in äußerst bescheidenen Verhältnissen. Per Brahe war während der Inspektionsreisen durch sein Gouvernement erstaunt über die doch erheblichen Unterschiede zwischen den von alters her dichter besiedelten Küstenregionen und dem weiter zurückgebliebenen Hinterland in Savo und Karelien. Der verspätete Einzug des Steinbaus bei städtischen Privathäusern ist ein aussagekräftiger Gradmesser für die Entwicklungsdefizite, die auch von auswärtigen Besuchern registriert wurden.

Die Brückenfunktion Finnlands zwischen Ost und West, zwischen dem lateinisch-abendländischen und dem griechisch-orthodoxen Kulturkreis hat sich schon frühzeitig auch in der Binnenentwicklung des Landes und bei der Ausdifferenzierung regionaler Besonderheiten in der volkstümlichen Sachkultur und in der Volkssprache verfestigt. Während im modernen Finnland ein deutliches Nord-Süd-Gefälle zu beobachten ist, war in den früheren Jahrhunderten der Unterschied zwischen den westlichen und östlichen Landesteilen sehr viel augenfälliger ausgeprägt. Er war schon in den ersten Phasen der Besiedlungsgeschichte des Landes in der Grenzlinie zwischen westlicher Ackerbau- und östlicher Jägerkultur angelegt und begleitete die langwierigen Akkulturationsprozesse, die von der kirchlichen Missionsarbeit während des Mittelalters angestoßen wurden.

Schon in den Siedlungsformen sind gravierende Unterschiede zu erkennen. Während sich in den Gebieten West- und Südfinnlands als Folge der üblichen Gewanneinteilung (finn. *sarkajako*) Gruppendörfer (Haufen- oder Reihendörfer) mit großzügig ausgebauten, teilweise geschlossenen Gehöften etablierten, überwogen in Ostfinnland Streusiedlungen. Sie bestanden aus Einzelhöfen mit mehreren frei stehenden Wirtschaftsgebäuden, die meist auf Anhöhen lagen und weniger aufwendig ausgestaltet waren. Erst durch die große Flurbereinigung des 18. Jahrhunderts fand mit der Auflösung der westlichen Dorfanlagen eine Angleichung der Siedlungstypen statt. In den Siedlungsformen spiegeln sich unterschiedliche, an die naturlandschaftlichen Gegebenheiten angepasste Gepflogenheiten der Bodennutzung wider. Flurzwang und Gemeindebesitz haben in Westfinnland einen engeren Zusammenhalt der Dorfgemeinschaften befördert. Die waldreichen östlichen Einödgebiete begünstigten die bäuerliche Individualwirtschaft. Die kargen Böden erforderten Brandrodungen (Schwendwirtschaft), die hier noch bis zum Anfang des 19. Jahrhunderts die vorherrschende Methode zur Erschließung von Ackerland war.

Die Mentalitätsunterschiede zwischen den Bewohnern Westfinnlands und den Leuten aus Savo oder Karelien sind sprichwörtlich geworden. Auffallende landsmannschaftliche Besonderheiten zeigen sich in der sprachlichen Ausdrucksweise, in den Essgewohnheiten, im dörflichen Brauchtum und in den Familienstrukturen. Die Großfamilie als generationenübergreifendes arbeitsteiliges Wirtschaftsunternehmen ist eine ostfinnische Eigenheit. Eine ungleiche räumliche Verteilung, mit deutlicher Konzentrierung in den Westgebieten Finnlands, lässt sich auch für kultur- und sozialgeschichtliche Phänomene wie die Hexenverfolgungen oder komplementär dazu die Verbreitung starker pietistischer Strömungen konstatieren. Diese fanden im 19. Jahrhundert in dem Bauernsohn aus dem nördlichen Savo Paavo («Ukko-Paavo») Ruotsalainen (1777–1852) und dem schwedischen lutherischen Pfarrer Lars Levi Laestadius (1800–1861) begnadete Prediger. Der Laestadianismus hatte seine Wurzeln in Schwedisch-Lappland und wirkte über die Grenze nach Finnland. Er konzentrierte sich vornehmlich auf die grenznahen nordfinnischen und ostbottnischen Gebiete. Die Gesellschaft in Ostbottnien war durch extreme Gegensätze geprägt. In der Statistik der finnischen Gewaltkriminalität an der Wende zum 19. Jahrhundert nahm sie mit den massenhaft auftretenden sog. Messerhelden (finn. *puukkojunkarit*) eine unrühmliche Sonderstellung ein.

Die regionalen Besonderheiten machten sich in besonderem Maße bei der Erschließung von Ressourcen und bei der Herstellung von Spezialprodukten bemerkbar, die für den Außenhandel geeignet waren. Ostfinnland war wegen seiner naturgegebenen Standortnachteile bei der Entwicklung protoindustrieller Produktionsformen benachteiligt und hatte daher nur mit erheblicher Verzögerung Anteil an dem frühneuzeitlichen wirtschaftlichen Aufschwung. Die verbreitete Teerbrennerei war ein willkommener Nebenerwerb für den bäuerlichen Haushalt. Teerbrenngebiete und Teerausfuhrgebiete waren allerdings nicht deckungsgleich. Den größten Gewinn warf die Teerproduktion für die küstennahen Gebiete im Hinterland des Bottnischen Meerbusens und in Südkarelien (Saimaa-Gebiet) ab, die direkten Zugang zu den Ausfuhrhäfen in Wiborg, Turku und Rauma hatten. Der Handel war zudem bis zum Beginn des 18. Jahrhunderts streng reguliert. 1648 erhielt die Norrland-Teerkompagnie auf zwanzig Jahre das Ausfuhrmonopol für die gesamte Teerproduktion, die nördlich der Linie Stockholm–Nevanlinna gewonnen wurde. Weitere entwicklungsfähige Unternehmungen wie der Schiffsbau, die Sägewerke und Eisenhütten konzentrierten sich ebenfalls auf die küstennahen Zonen am Finnischen Meerbusen. Während des 18. Jahrhunderts war Wiborg der wichtigste Ostseehafen für die Ausfuhr von Brettern und Planken. Erik Fleming (1487–1548), der enge Vertraute des schwedischen Königs und Landrichter (finn. *laamanni*) Südfinnlands, war der Erste, der mit königlichem Privileg und mittels deutscher Bergleute die Erzmine in dem Dorf Ohjamo in Lohja ausbeutete. Gustav II. Adolf hat das inzwischen aufgelassene Bergwerk wieder neu belebt und 1616 das erste Eisenwerk Finnlands in Mustio (swed. Svartå) gegründet. Weitere Eisenhütten (finn. *ruukki*) wurden in den Nachbargemeinden 1630 in Antskog (finn. Anskuu), 1641 in Billnäs (finn. Pinjainen), 1646 Fagervik und 1649 in Fiskars (finn. Fiskari), 1686 in Dalsbruk (finn. Taalintehdas) und in Teijo (schwed. Tykö bruk, finn. Teijon ruukki) in Betrieb genommen. Beschäftigt wurden anfänglich vor allem Fachkräfte, die aus dem Ausland (u. a. aus Wallonien) angeworben wurden.

Die Freiheitszeit
(1719–1772)

Der Tod König Karls XII. hinterließ in Schweden ein Machtvakuum. Die Nachfolge trat seine Schwester Ulrika Eleonore (1718–1720) an. Sie war mit Landgraf Friedrich von Hessen-Kassel verheiratet, zu dessen Gunsten sie schon 1720 auf den Thron verzichtete. Als Vorbedingung für ihre Wahl auf dem Reichstag musste sie eine weitgehende Beschränkung der königlichen Vorrechte zugunsten des Reichstags hinnehmen. Damit war der Weg frei für eine beispiellose Periode ständischer Freiheiten in Schweden, die die Stände und insbesondere die Vertreter des Hochadels zu einer Ausweitung ihrer politischen Mitspracherechte zu nutzen wussten.

Obwohl bis zu seinem Sturz im Jahre 1738 ein gebürtiger Finnländer, der dem alten Adelsgeschlecht der Horns entstammende Kanzleipräsident und Reichskanzler Graf Arvid Bernhard Horn (1664–1742), einen wesentlichen Einfluss auf die Reichsgeschäfte hatte, waren die Segnungen dieser sog. Freiheitszeit (schwed. *frihetstid*, finn. *vapaudenaika*) für den finnischen Reichsteil eher zwiespältig. Allenfalls profitierten die Bewohner von der strikten Neutralitätspolitik des eigentlichen Regenten Schwedens. Sie gönnte ihnen eine längere Ruhepause nach dem Großen Nordischen Krieg. Zwar hat die weiterhin latente Gefährdung der Ostgrenze in der Reichszentrale die Aufmerksamkeit für die Geschicke Finnlands geschärft und die Bereitschaft erhöht, brachliegende Ressourcen zu erschließen, aber gegenüber der Dominanz des schwedischen Adels auf den Reichstagen gerieten die Finnländer mit ihren Sorgen und Nöten doch zunehmend ins Hintertreffen. Klagen über landfremde Repräsentanten der Obrigkeit und über Amtsinhaber, die die Sprache der Untertanen nicht beherrschen, häuften sich. Auf den Reichstagen ist wiederholt die desolate Wirtschaftslage der Ostprovinzen diskutiert worden. Gezielte Maßnahmen zur Förderung des freien Handels und der bäuerlichen Seefahrt brachten spürbare Verbesserungen für die Bewohner in

den Küstenstädten. Die Bestätigung der bäuerlichen Eigentums-
rechte und die Aufhebung rechtlicher Beschränkungen, die die freie
Verfügung über den Besitz behinderten, beseitigten aber nicht
das Grundübel einer rückständigen Landwirtschaft. Die Ernte-
erträge reichten nicht aus, um die Versorgung der rapide wachsenden Bevölkerung zu gewährleisten. Ihre Zahl hat sich im Laufe des
18. Jahrhunderts von etwa 300 000 im Jahre 1721 auf 580 000 am
Ende der Freiheitszeit 1772 verdoppelt und war zur Jahrhundertwende nochmals durch einen kräftigen Wachstumsschub auf annähernd 900 000 im Jahre 1805 angewachsen. Die Gefahr periodischer
Ernteausfälle war nicht gebannt. Es drohten immer wieder Versor-
gungsengpässe. Schwere Hungersnöte grassierten in den Winter-
monaten 1695–1697 im ganzen Land. Breite Bevölkerungsschichten
kämpften gegen eine schleichende Verarmung.

Die Rechtsentwicklung in Finnland ist durch das 1734 erlassene
neue schwedische Gesetzbuch nachhaltig beeinflusst worden. Es
bot eine Regelung der einzelnen Rechtsgebiete in kasuistischer
Form und blieb auch nach 1809, während der Zugehörigkeit Finnlands zum Zarenreich, weiterhin in Kraft. 1824 wurde es eigens für
das Großfürstentum Finnland in einer zweisprachigen schwedisch-
russischen Ausgabe in St. Petersburg nochmals neu gedruckt. Eine
Ergänzungsausgabe 1827 enthielt wichtige zusätzliche Erlasse und
Verfügungen zur aktuellen Rechtslage Finnlands.

Für den gesamten ländlichen Raum im schwedischen Reich hatte
die Verordnung der Reichszentrale, das Staatsgebiet zu vermessen
und die Neuordnung der bäuerlichen Besitzverhältnisse in einem
Kataster zu erfassen, einschneidende Folgen. An der Landesaufnahme,
die sich auf alle wissenswerten, messbaren und in Zahlen
fassbaren Phänomene erstrecken sollte, beteiligten sich angesehene
Wissenschaftler, darunter der Naturforscher Carl von Linné (1707
bis 1778). Die Initiative ist im Zusammenhang zu sehen mit der
Einführung des sog. Tabellverket im Jahre 1749, mit dem weltweit
erstmals in Schweden die amtlichen Volkszählungen beginnen. Der
Auftrag der neuen Behörde war es, die gesamte Verwaltungsarbeit
des Staates auf quantitative Größen im Geiste der neuen Wissenschaft der «Politischen Arithmetik» umzustellen. Dies erforderte
regelmäßige statistische Erhebungen und eine systematische Erfassung der relevanten demografischen Entwicklungen. Bei der Um-

setzung zog der Staat die Pfarrgeistlichkeit zur Datenerhebung heran. Nach der Überzeugung des Leiters des Landvermessungsamtes Jacob Faggot (1699–1777) rechtfertigt der Wunsch, die Ressourcen des Landes und insbesondere der Landwirtschaft besser zu erschließen, auch massive Eingriffe in die überkommenen dörflichen Strukturen. Seine Reformvorschläge begründete er 1746 in seinem Buch über die Defizite der Landwirtschaft in Schweden und die notwendigen Abhilfemaßnahmen («Svenska landtbrukens hinder och hjälp»). Zur Freisetzung privatbäuerlicher Eigeninitiativen forderte er, bestehende Hemmnisse wie die unterschiedlichen Formen des Flurzwangs und der gemeinschaftlichen Verfügungsgewalt über Wald- und Wiesenflächen zu beseitigen und zur Erleichterung der Feldarbeit die Ackerflächen der Bauernhöfe zusammenzulegen. Nach jahrelangen Diskussionen auf den Reichstagen war 1757 der Weg frei für eine große Flurbereinigung (finn. *isojako*) auch in Finnland. Die von der Obrigkeit verfügte Gemeinheitsteilung brachte die Auflösung und Privatisierung der Allmende. Die Abwicklung vor Ort sollte sich über zwei Jahrhunderte bis 1960 hinziehen. Sie hatte vornehmlich seit den ergänzenden Verordnungen in der Regierungszeit Gustavs III. (1771–1792) eine völlige Veränderung der dörflichen Siedlungsstrukturen zur Folge. Die in Westfinnland vorherrschende kompakte Siedlungsweise wurde schrittweise abgelöst von Streusiedlungen, weil Mutterhöfe aus den Dorfzentren ausgesiedelt und weitere Ausgliederungen kleinerer Pachthöfe für Landarbeiter (finn. *torppa*) erlaubt wurden. Mit dem raschen Zuwachs landloser Arbeitskräfte im Verlaufe des 18. und 19. Jahrhunderts verschärften sich die sozialen Probleme in den ländlichen Regionen. Ihre dauerhafte Lösung erforderte in der zweiten Hälfte des 19. Jahrhunderts massive staatliche Interventionen.

Der Verlust der Landgewinne aus der Großmachtzeit, der in den Friedensschlüssen von 1721 und 1743 besiegelt wurde, erhöhte den Homogenisierungsdruck im Inneren und verleitete in der Außenpolitik zu einem riskanten aggressiven Verhalten gegenüber dem russischen Nachbarn. Die negativen Folgen der verfehlten Kriegspolitik hatten vor allem wieder die Bewohner Finnlands zu tragen. Der übereilte Revanchekrieg von 1741–1743, den die schwedischen Adelskreise der «Hüte» (schwed. *hattarne*) angezettelt hatten, endete in einer militärischen Katastrophe. Im Verlaufe dieses

«Krieges der Hüte» waren erneut russische Truppen unter General Peter Graf von Lacy entlang der südfinnischen Küste weit nach Westen vorgestoßen. In der finnischen Überlieferung blieben die Schrecken dieser erneuten Besatzungszeit in Anlehnung an den Großen Nordischen Krieg als «Kleiner Unfriede» (finn. *pikku viha*) in unguter Erinnerung.

Die Reichszentrale reagierte auf den eklatanten Misserfolg der schwedischen Truppen und entschloss sich, zur Abwehr möglicher weiterer Bedrohungen die Verteidigungsanstrengungen zu erhöhen. Als probate Gegenmaßnahme bot sich der systematische Ausbau von Festungsanlagen an. Ihr verdankt Helsinki ein Bauprojekt auf den Inseln vor der Hafeneinfahrt, das bis heute in markanter Weise das Stadtbild prägt, die Festung Suomenlinna (bis 1918 schwed. Sveaborg, finn. Viapori). Mit dem Bau der Verteidigungsanlagen wurde im Jahre 1748 unter der Leitung des jungen schwedischen Artillerieoffiziers Augustin Ehrensvärd († 1772) begonnen. Die Ausführung der Bauarbeiten dauerte mehrere Jahrzehnte. Eine ernsthafte Bewährungsprobe hatte die Festung in ihrer ganzen Geschichte nie zu bestehen. Während des russisch-schwedischen Krieges von 1808/09 verzichtete der damalige Kommandant Carl Olof Cronstedt in einer bis heute umstrittenen Entscheidung auf einen aktiven Widerstand gegen die russischen Truppen, die Helsinki besetzt hatten, und übergab am 3. Mai 1809 kampflos die Festung.

Finnland ist unter den veränderten außen- und innenpolitischen Bedingungen der Freiheitszeit mehr als bisher als eine eigenständige Region innerhalb des Reiches wahrgenommen worden. Einzelne mit den chaotischen Zuständen der Adelsherrschaft unzufriedene Offiziere erkannten den strategisch günstigen Standortvorteil der östlichen Peripherie und strebten die Neuverteilung der innerstaatlichen Kräfteverhältnisse zwischen dem König und den Ständevertretungen an. Vom finnischen Boden aus sind Anfang der 70er-Jahre des 18. Jahrhunderts wichtige Weichenstellungen erfolgt, die dem König wieder größere Vorrechte einräumen sollten. An den geheimen Vorbereitungen für eine Verfassungsänderung waren als enger Vertrauter des Königs Oberst Jakob Magnus Sprengtporten (1727–1786), der damalige Kommandant des Dragonerregiments in Hamina, und sein Bruder Göran Magnus (finn. Yrjö

Maunu) Sprengtporten (1740–1819) maßgeblich beteiligt. Sie sorgten für eine loyale Haltung der in Finnland stationierten Truppenverbände zum König. Mit dem überraschenden «Staatsstreich» vom 19. August 1772 beendete König Gustav III. abrupt die Freiheitszeit und führte mit der Verfassung vom 21. August 1772 eine aufgeklärte Despotie mit eingeschränkten Mitwirkungsrechten der Stände ein. In der nachfolgenden «Vereinigungs- und Sicherheitsakte» vom 3. April 1789 ließ er sich noch eine weitere ganz auf die königlichen Machtbefugnisse zugeschnittene Ergänzung der Verfassungsbestimmungen bestätigen. Als Gegenleistung bot er den eingeschüchterten Ständen die Teilhabe an seiner prunkvollen Hofhaltung. Gustav III. brachte französischen Geschmack und südländische Lebensweise nach Nordeuropa. Der gustavianische Klassizismus ist stilbildend geworden in der Architektur, in der Innenausstattung der Adels- und Bürgerhäuser, im Design und im Kunsthandwerk. Weniger Anklang fand der Regierungsstil des Königs. Unverhohlenes Missfallen weckte er in den Offizierskreisen, die ihm zur Alleinherrschaft verholfen hatten. Vor allem die Helfer aus Finnland, die Brüder Sprengtporten, sahen sich in ihren Erwartungen bitter enttäuscht. Oberst Göran Magnus Sprengtporten ließ sich 1779 als Befehlshaber des Infanterieregiments in Savo beurlauben und schloss sich nach einem längeren Auslandsaufenthalt einem Kreis von gleichgesinnten regimekritischen Militärs an, die alternative Lösungen erörterten. 1786 folgte er der Einladung Katharinas II. und wechselte im Rang eines Generalmajors in russische Dienste über. Seine sprichwörtliche Grenzüberschreitung ist von symbolhafter Bedeutung für die kommende Neuorientierung Finnlands geworden.

«Lasst uns Finnen sein»

Für die kulturelle und politische Emanzipation der finnischen Bevölkerung aus der jahrhundertelangen schwedischen Vormundschaft haben sich nicht zufällig in der Zeit der Französischen Revolution neue Perspektiven und Alternativen eröffnet. Die Stimmungslage nach der erneuten Niederlage des Königs im schwedisch-russischen Krieg 1808/09 und nach der erzwungenen Abtretung Finnlands im Friedensvertrag von Frederikshamn/Hamina am 5./17. September 1809 fasst treffend der verbreitete Spruch zusammen, der dem Schriftsteller Adolf Ivar Arwidsson (1791–1858) zugeschrieben wird: «Schweden sind wir nicht mehr, Russen wollen wir nicht werden, lasst uns Finnen sein!»

Der Perspektivwechsel war vorbereitet worden im Gelehrtendisput des 17. und 18. Jahrhunderts. In der Bildungselite Finnlands hatten sich erstmals fennophile Gegenstimmen gegen die vorherrschende schwedische Inanspruchnahme der Vergangenheit zu Wort gemeldet. Gegen die schwedische Überheblichkeit und gegen die latente Abwertung der finnischen Sprache und Volkskultur wurde ein neuer patriotischer Geist beschworen. Dem schwedischen Geschichtsbild stellte Daniel Juslenius (1676–1752), der seit 1712 als Professor der hebräischen und griechischen Sprache an der Universität Turku und in den 30er- und 40er-Jahren des 18. Jahrhunderts als Bischof von Porvoo und im schwedischen Skara wirkte, in seinem Frühwerk «Das alte und neue Turku» («Aboa vetus et nova», 1700) einen Gegenentwurf entgegen. Er reklamierte eine eigene ruhmreiche Vergangenheit für die Finnen, die er ebenso wie seine schwedischen Vorgänger aus der Bibel und aus den sagenhaften mündlichen Überlieferungen und Mythen rekonstruierte. 1703 ließ er eine weitere Rechtfertigung der finnischen Eigenständigkeit, die «Verteidigung der Finnen» («Vindiciae Fennorum»), folgen. Ein entfernter Verwandter von Juslenius, der einflussreiche Gelehrte Henrik Gabriel Porthan, gab in der zweiten Jahrhunderthälfte der Suche nach der finnischen Identität eine neue, besser fundierte Ausrichtung. Er war es auch, der die gelehrte Welt im Ausland auf Finnland aufmerksam machte. Auf seiner Deutschlandreise suchte er den damals berühmten Universalhistoriker August Ludwig Schlözer in Göttingen auf und konnte bei ihm das wissenschaftliche Interesse für die Geschichte seiner Heimat und für die gesamte «Finnenwelt», die finno-ugrische Völkerfamilie, wecken. Göttingen und seine Universitätsbibliothek haben sich seither als ein Zentrum für Nordeuropa- und Finnlandstudien in der deutschen Wissenschaftslandschaft etabliert.

Als Zeitgenosse Johann Gottfried Herders (1744–1803) und des europäischen Ossianismus war Porthan sensibilisiert für die ungehobenen Schätze der europäischen Volksüberlieferungen. Mit seiner sechsbändigen Untersuchung über die finnische Poesie («De Poesi Fennica», 1766–1778) legte er das Fundament für eine rege Sammlungstätigkeit der folgenden Gelehrtengeneration, die eine systematische Erfassung der noch in der mündlichen Überlieferung lebendigen finnischen Volkspoesie anstrebte. Im Umkreis der Universität Turku fand sich eine Gruppe von Volkskundlern zur gemeinsamen Sammlungs- und Forschungsarbeit zusammen. Das herausragende Ergebnis dieser sog. Turkuer Romantik war das Nationalepos der Finnen, das Kalevala. Als Quellenmaterial diente das unerschöpfliche Liedgut, das der Landarzt Elias Lönnrot (1802 bis 1884) auf seinen Reisen in Ostfinnland und in Weißmeerkarelien aus dem Munde fahrender Sänger gehört hatte. Die Niederschriften dieses über Generationen nur mündlich weitergegebenen Überlieferungsgutes füllen heute 34 Bände der Publikationsreihe «Alte Dichtungen des finnischen Volkes» (finn. «Suomen kansan vanhat runot»), die von der traditionsreichen Finnischen Literaturgesellschaft (finn. Suomen Kirjallisuuden Seura, SKS) seit 1908 herausgegeben wird. Sie enthalten das Repertoire zahlreicher Sänger. Aus diesem Rohmaterial formte Lönnrot nachträglich nach dem Vorbild großer epischer Dichtungen eine zusammenhängende Erzählung, das finnische Nationalepos des «Kalevala» («Land des Kaleva»). Lönnrot war für diese Aufgabe in besonderer Weise prädestiniert. Er war Erster Sekretär der 1831 gegründeten Finnischen Literaturgesellschaft (Suomalainen Kirjallisuuden Seura, SKS), die seither zum Zentrum eines in der Welt einmaligen wissenschaftlichen Unternehmens zur Archivierung der volkstümlichen

Überlieferungen geworden ist. Die Erstfassung des Kalevala veröffentlichte Lönnrot 1835 unter dem Titel «Kalevala oder Alte karelische Lieder aus den Frühzeiten des finnischen Volkes». 1849 legte er eine zweite, erweiterte Fassung vor. Außerdem veröffentlichte er 1840 als Nebenprodukt seiner Reise- und Sammeltätigkeit noch drei Hefte volkstümlicher Lieder und Balladen («Kanteletar»). Das Kalevala ist zur Bibel der Fennomanen und der nationalromantischen Bewegung des Karelianismus in Finnland geworden. Es prägte für mehrere Generationen das Bild von der Vorgeschichte der Finnen.

Für die finnischen Gelehrten, die sich auf den mühsamen Weg der Identitätsfindung begeben hatten, war die Loyalität zum schwedischen König noch kein vordringliches Thema. Die Bereitschaft zu radikaleren politischen Folgerungen ist erst unter dem Eindruck der andauernden militärischen Bedrohungen an der Ostgrenze zum Zarenreich während des 18. Jahrhunderts gewachsen. Nicht zufällig sind erstmals in Offizierskreisen separatistische Überlegungen angestoßen worden. Sie zielten zunächst nur auf eine bessere Zukunftssicherung und auf einen längerfristigen Ausgleich mit den unmittelbaren Nachbarn ab. In letzter Konsequenz brachten sie aber auch alternative Loyalitätsbeziehungen ins Spiel. An Ermunterungen für eine russische Option und an diesbezüglichen konkreten Verlockungen hat es nicht gefehlt. Schon während des «Krieges der Hüte» wandte sich die Zarin Elisabeth mit ihrem Manifest vom 18. März 1841 an die Bewohner Finnlands. Sie beschuldigte die Schweden als Angreifer, beteuerte ihre Bereitschaft, die von den Kriegsfolgen unmittelbar betroffenen Bewohner Finnlands zu schonen, und bot ihre Unterstützung an, falls man eine Trennung vom schwedischen Königshaus in Erwägung ziehe. Für diesen Schritt war damals die Zeit noch nicht reif.

Wenige Jahrzehnte später war man schon eher geneigt, das bisher Undenkbare als eine ernst zu nehmende Möglichkeit wahrzunehmcn. In der schwedischen Armee eskalierte die Unzufriedenheit bis zur offenen Rebellion, als der König 1787 einen erneuten Waffengang mit Russland suchte. Die Verwicklungen der russischen Zarin Katharina II. in einem weiteren Türkenkrieg boten in den Augen Gustavs III. eine günstige Gelegenheit zur Eröffnung einer zweiten Front an der karelischen Grenze. Dem Befehl zum Aufmarsch des

Heeres und der Flotte 1788 begegneten meuternde Offiziere in dem Grenzdorf Liikkala am 9. August 1788 mit einer Unterschriftenaktion. In ihrem Schreiben distanzierten sie sich von der Entscheidung des Königs und boten der Zarin gegen kleinere Grenzkorrekturen eine Beilegung des Konfliktes an. Wenige Tage später solidarisierten sich weitere 113 Offiziere auf dem Gutshof von Anjala am Kymijoki mit den Verfassern des Memorandums (sog. Anjala-Bund). Major Jan Anders Jägerhorn, ein eifriger Verfechter der Trennung Finnlands vom schwedischen Reich, überbrachte das gemeinsame Schreiben nach St. Petersburg, fand aber nicht die erwartete positive Reaktion. Im August 1790 einigte sich Gustav III. mit der Zarin auf einen Frieden ohne territoriale Veränderungen. Der Vertrag wurde in dem südwestfinnischen Dorf Värälä von dem engsten Berater des Königs, General Gustaf Mauritz Armfelt (1757–1814), unterzeichnet, der einem angesehenen Adelsgeschlecht Finnlands entstammte. Ein Jahr später fand sich Gustav III. sogar zu einem gegen das revolutionäre Frankreich gerichteten Bündnisvertrag mit Russland bereit, der eine gegenseitige Besitzstandsgarantie einschloss.

Die Bewertung der aufsehenerregenden Vorgänge von Liikkala und Anjala war unter den Zeitgenossen ebenso strittig wie im Urteil der Nachwelt. Abweichende Meinungen zeigen sich in der kritischen Einschätzung der Historiker in Schweden und in Finnland. Stein des Anstoßes ist die Rolle, die Göran Magnus Sprengtporten gespielt hat. Er personifiziert unübersehbar den Loyalitätswechsel vom schwedischen König zum russischen Zaren. Im russisch-schwedischen Krieg von 1808/09 kämpfte er auf der russischen Seite und amtierte als erster russischer Generalgouverneur im besetzten Finnland. Die Skala der Bewertung seiner Lebensleistung schwankt dementsprechend zwischen patriotischer Tat eines Volkshelden und Landesverrat. Als Grenzgänger steht er nicht allein. Gustaf Mauritz Armfelt, der nach dem Attentat auf Gustav III. 1792 zeitweise in Ungnade gefallen war und 1811 des Landes verwiesen wurde, entschied sich für eine vergleichbare Umorientierung seiner Laufbahn. 1811 wechselte er ebenfalls die Fronten und trat in den Dienst des Zaren Alexander I. Als Vorsitzender des neu geschaffenen Komitees für finnische Angelegenheiten (1811–1814) und als Mitglied des Senats übernahm er eine zentrale Vermittlungsaufgabe bei der Wahrung der Eigenständigkeit des Großfürstentums Finnland innerhalb des russischen Vielvölkerreiches. Sprengtporten und Armfelt repräsentieren beide die Zeit des Übergangs auf dem mühsamen Weg der Finnen zur Selbstfindung. Dabei hatte Russland eher ungewollt eine Geburtshelferrolle übernommen.

Die sog. Autonomiezeit
(1809–1917)

Der Wechsel vom schwedischen Löwen zum russischen Doppeladler brachte den Finnen im Laufe des 19. Jahrhunderts Eigenrechte und eine institutionelle Sonderstellung, die sie bisher als Untertanen des schwedischen Königs nicht besessen hatten. Die verfassungsrechtlichen Zugeständnisse, die ihnen die russischen Zaren gewährten, schufen in der Rückschau wesentliche Vorbedingungen für die Entstehung und erfolgreiche Umsetzung jener neuen Leitideen, die von den Vordenkern einer nationalen Bewegung in der finnischen Gesellschaft entwickelt wurden. Sie ebneten den Finnen letztendlich den Weg zur staatlichen Unabhängigkeit.

In finnischen Geschichtsbüchern findet sich für den Zeitraum 1809–1917 der Oberbegriff der «Autonomiezeit» als geläufige Epochenbezeichnung. Er reduziert in einer etwas problematischen Vereinfachung das Verhältnis des Großfürstentums Finnland zum Russischen Reich allein auf staats- und verfassungsrechtliche Fragen. Die nicht weniger beachtenswerten gesellschaftlichen und kulturellen Aspekte der beiderseitigen Beziehungen werden dabei vollkommen ausgeblendet. Noch vor einem Jahrzehnt, als der renommierte Historiker an der Universität Helsinki Matti Klinge für seine Gesamtdarstellung der Geschichte Finnlands im 19. Jahrhundert in Anknüpfung an den zeitgeschichtlichen Sprachgebrauch den Titel «Kaiserliches Finnland» wählte, löste er eine heftige Kontroverse in der Historikerzunft aus. Auf dem Prüfstand war erneut die Frage nach der Gewichtung des russischen Anteils an der Geschichte Finnlands.

Nicht zu übersehen ist in der Rückschau die überragende Rolle, die während des ganzen 19. Jahrhunderts St. Petersburg in der Entwicklung Finnlands eingenommen hat. Als nahe gelegener Arbeitsmarkt übte die russische Reichszentrale auf eine wachsende finnische Bevölkerung im nordwestlichen Hinterland, die in ihrer ländlichen Umgebung nur wenige Beschäftigungsmöglichkeiten fand, eine unwiderstehliche Sogwirkung aus. Finnische Zuwanderer ließen St. Petersburg im Verlaufe des 19. Jahrhunderts zu einer Stadt werden, die nach Helsinki und zeitweise noch vor Turku die größte Ansammlung finnischer Bewohner beherbergte. Die Finnen stellten während des 19. Jahrhunderts nach den Deutschen mit 1–3 % den größten ausländischen Anteil an der hauptstädtischen Bevölkerung. 1881 waren 24 000 Finnen registriert. Sie waren nicht nur unter dem Hausgesinde, den städtischen Fuhrleuten und in speziellen Berufszweigen wie Schornsteinfegern, Metallhandwerkern, Schustern, Schneidern und Buchbindern überproportional vertreten. Ihr handwerkliches Geschick öffnete ihnen auch den Zugang zu anspruchsvolleren Beschäftigungen unter den Juwelieren, Uhrmachern und den Gold- und Silberschmieden. In den berühmten Werkstätten der Fabergés finden sich auffallend viele finnischsprachige Meister. Kontakte der finnischen bäuerlichen Bevölkerung zur nahe gelegenen Reichsmetropole vermittelten auch die adeligen Landbesitzer Altfinnlands, die in der Residenzstadt St. Petersburg einen Hausstand unterhielten und auf Zulieferungen von Lebensmitteln und Heizmaterial aus ihren karelischen Besitzungen angewiesen waren. Die Ausstrahlung der Großstadt an der Newa reichte auch in umgekehrter Richtung tief in das finnische Hinterland hinein. Die Karelische Landenge und die Badestrände und Waldgebiete entlang des Finnischen Meerbusens lockten in den Sommermonaten wohlhabendere Stadtbewohner an, die sich mit ihren Familien in den Landhäusern und Strandvillen einmieteten. Mit der Eröffnung der Eisenbahnlinie nach Wiborg im Jahre 1870 nahm der Zustrom Petersburger Sommergäste einen rapiden Aufschwung. Ein engerer Kontakt zur einheimischen Bevölkerung ergab sich aus den vielfältigen Arbeitsleistungen, die von Bediensteten vor Ort zu erbringen waren.

Dem finnischen Adel offerierte der Dienst im russischen Heer steile Karrierechancen. Finnen waren überproportional unter den ranghohen Offizieren vertreten, annähernd 500 dienten im Generals- oder Admiralsrang. Freiherr Carl Gustaf Emil Mannerheim, der spätere Feldmarschall und Reichspräsident, hatte eine dreißigjährige Offizierskarriere im Zarendienst durchlaufen. Dem Sibirienforscher Erik Laxman (1737–1796) und dem Sprachforscher Anders Johan Sjögren bot der Wissenschaftsstandort St. Petersburg den Aufstieg zu höchsten akademischen Ehren als Mitglieder der Kaiserlichen Akademie der Wissenschaften. Dem Philologen und Ethnologen Mathias Alexander Castrén, der 1851 auf den neu eingerichteten Lehrstuhl für finnische Sprache an der Universität Helsinki berufen wurde und der zu den Begründern der Uralistik zählt, gewährte die Akademie großzügige Geldmittel für seine ausgedehnten Forschungsreisen in Nordrussland und Sibirien.

Die gehobene Gesellschaft Finnlands erlebte die russische Hauptstadt im 19. Jahrhundert als glanzvolle europäische Kulturmetropole. Ihre Ausstrahlungen auf die finnische Kunst- und Kulturszene waren unübersehbar. Anregungen aus dem benachbarten Russland haben die Musikkultur, die Schauspielkunst und das Ballett, die Malerei, das Kunsthandwerk in Finnland nachhaltig beeinflusst. Russische Kaufleute haben in Finnland eine segensreiche Mäzenatenrolle übernommen und mit ihren Bauaufträgen das Stadtbild u. a. in Helsinki und Turku maßgeblich geprägt. St. Petersburg diente im 19. Jahrhundert als zentraler Umschlagplatz für moderne technische, soziale, wissenschaftliche und künstlerische Errungenschaften.

Als überzeugte Förderer eines russischen Kultureinflusses in Finnland traten nicht selten an prominenter Stelle russländische Deutsche auf. Am augenfälligsten zeigten sich diese symbiotischen deutsch-russischen Verbindungen im Ausbau der neuen Residenzstadt des Großfürstentums Finnland Helsinki. Der aus Berlin stammende Architekt Carl Ludwig Engel (1778–1840) hat im Auftrag des Zaren mit seinen monumentalen Bauentwürfen, Stadtplänen und Kirchenbauten einen «Deutsch-Petersburger Neuklassizismus» nach Finnland gebracht. Engel war über Stationen in Russland und im Baltikum (als Stadtbaumeister in Reval/Tallinn) an seine neue Wirkungsstätte nach Finnland gekommen. 1824 übernahm er als Generalintendant die Gesamtverantwortung für die Bauplanungen. Das Bauensemble im Zentrum Helsinkis um den Senatsplatz mit dem Dom (1830–1852), dem Senatsgebäude (1818 bis 1822), dem Hauptgebäude der Universität (1832) und der Universitätsbibliothek (1833 1844), der heutigen Nationalbibliothek, ist unter seiner Leitung entworfen worden. In der Jahrhundertmitte war es der einer deutschen Familie aus St. Petersburg entstammende Jakov K. Grot (1812–1893), der sich von 1841 bis 1853 als Inhaber des Lehrstuhls für russische Sprache und Literatur und für russische Geschichte an der Universität Helsinki mit großem Eifer der selbst gewählten Aufgabe eines inoffiziellen russischen Kulturattachés widmete. Er hat einen entscheidenden Beitrag zum Auf- und Ausbau der berühmten Slavica-Abteilung der Universitätsbibliothek in Helsinki geleistet, die nach dem Willen des Zaren das Pflichtexemplarrecht bei allen Publikationen im Russischen Reich genoss. Eine vergleichbare Rolle als Wegbereiter ost-westlicher literarischer und gelehrter Begegnungen hatte schon zu Anfang des 19. Jahrhunderts der aus Straßburg stammende Ludwig Heinrich Freiherr von Nicolay (1737–1820) wahrgenommen. Als ehemaliger Prinzenerzieher am Zarenhof verfügte er über enge Beziehungen zu den höchsten Gesellschaftskreisen in St. Petersburg, und als Präsident der Petersburger Akademie der Wissenschaften (1798–1803) hatte er Zugang zur gelehrten Welt in ganz Europa. Sein Ruhesitz, das Landgut Monrepos bei Wiborg, dessen großzügige Parkanlagen weit über die Landesgrenzen hinaus Besucher anlockten, ist mit seinen wohlsortierten zeitgenössischen Büchersammlungen aus der französischen Aufklärungszeit zu einem sichtbaren Symbol des grenzüberschreitenden Kulturaustausches geworden. Die Bibliotheksbestände gelten heute als eine der wertvollsten Spezialsammlungen der Nationalbibliothek in Helsinki.

Unter den Repräsentanten des russischen Staates in Altfinnland und im Großfürstentum Finnland waren Deutsche aus den Ostseeprovinzen überproportional vertreten. Ihre Mehrsprachigkeit und ihre Kenntnis der schwedischen Rechtstraditionen und Verwaltungspraxis machten sie zu unentbehrlichen Helfern der Reichszentrale. Nicht von ungefähr hat daher der Oberlehrer am Wiborger Gymnasium Ludwig Purgold im Schulprogramm von 1813 einen Beitrag über die «Wichtigkeit der deutschen Sprache für gründliche Bildung insbesondre in Finnland» veröffentlichen können. Seine Argumente basieren auf sehr utilitaristischen Überlegungen. Die Eltern, meinte er, müssten mit Recht wünschen, «daß ihre Kinder nicht bloß für die nächste eigene Provinz, sondern für das ganze große Reich, dem anzugehören sich jeder Einwohner glücklich preisen muß, hier gebildet werden». Der von den Fennomanen heftig kritisierte Schulreformer Freiherr Casimir von Kothen (1807–1880), der einer alteingesessenen Adelsfamilie liv-

ländischer Herkunft entstammte, hatte keine Berührungsängste gegenüber dem östlichen Nachbarn. Gleiches gilt für seinen Schwiegervater, den Senator Lars Gabriel von Haartmann (1789–1859),
der maßgeblich am Bau des Saimaakanals beteiligt war. Beide vertraten einen vornationalen pragmatischen Kosmopolitismus und
schätzten die russische Kultur («ex oriente lux»). Die Anfänge der
Kalevala-Forschung in Finnland sind sehr eng verbunden mit Julius
Leopold Fredrik Krohn (1835–1888) und seinem Sohn Kaarle
Leopold Krohn (1863–1933). Sie sind Abkömmlinge einer deutschingermanländischen Familie, die aus St. Petersburg nach Finnland
übersiedelt war.

Alexander I. rühmte sich auf dem Landtag von Porvoo 1809, die
Finnen in den Rang einer Nation erhoben zu haben. Die Annexion
Finnlands, die auf der Erfurter Begegnung zwischen Alexander I.
und Napoleon (Oktober 1808) sanktioniert worden war, bot in den
Augen der damals verantwortlichen Berater des Zaren eine willkommene Gelegenheit, neue Regierungsgrundsätze zu erproben.
Die Bewohner Finnlands sollten nicht als rechtlose Untertanen
einer eroberten Provinz behandelt werden. Die Verantwortung für
die einvernehmliche Ausarbeitung der Eingliederungsmodalitäten
lag bei dem engen Vertrauten des Zaren Michail Speranskij (1772
bis 1839). Von finnischer Seite standen ihm als landeskundige Berater Graf Gustaf Mauritz Armfelt und der Turkuer Bischof Jakob
Tengström zur Seite. Speranskij war am französischen Staatsdenken
seiner Zeit geschult und hatte sich in seinen Reformbemühungen
als umsichtiger Organisator der Autokratie nach aufgeklärten
rationalen Grundsätzen bewährt. Er ließ sich beim Umbau des bestehenden Herrschaftssystems von praktischen Effektivitätskriterien leiten. Eine dauerhaftere Festigung der Autokratie erwartete
er weniger von einem rigorosen Durchgriff der Regierungszentrale
und gewaltsamen Disziplinierungsmaßnahmen als vielmehr von
der ordnenden Kraft der Gesetze. Die von der Obrigkeit erwartete
Loyalität der Untertanen setzte nach seiner Einschätzung eine stärkere Achtung lokaler Eigentümlichkeiten und die Wahrung regionaler Traditionen und Privilegien voraus.

Als Gegenleistung für den Treueeid der neuen Untertanen auf
dem Landtag von Porvoo gewährte Zar Alexander I. 1809 eine Garantie der bestehenden Privilegien. Gegenüber den Kapitulations-

vereinbarungen mit den liv- und estländischen Ritterschaften und Städten vom Jahre 1710 trat im zeremoniellen Ablauf des Huldigungsaktes von Porvoo das vertragliche Element weitgehend in den Hintergrund. Es gab nur Vorabsprachen zwischen den russischen Amtsträgern und einer Delegation der vier finnischen Stände, die im November 1809 zu Verhandlungen nach St. Petersburg angereist war und eigene Vorstellungen unterbreitet hatte. Der Zar trug seine Rede in französischer Sprache vor. Die ausgefertigte Urkunde gab nur den russischen Text wieder. Die erwähnten Zusagen bezogen sich im russischen Wortlaut auf die Religion, auf die Grundgesetze (russ. *korennye zakony* – in seiner Ansprache verwendete der Zar den Begriff *lois fondamentales*), auf die Rechte (russ. *prava*) und die Privilegien (russ. *preimuščestva*), die jeder Stand und alle Einwohner «nach ihrer Rechtsordnung» (russ. *po konstitucijam ich*) bisher genossen haben.

Die sog. Gustavianer unter den finnischen Politikern bemühten sich in den folgenden Jahren vergeblich darum, die gesonderte politische Existenz des Großfürstentums Finnlands von Alexander I. durch eine förmliche Verfassungscharta absegnen zu lassen. Eine einklagbare juristische Fixierung der Verfassung des Großfürstentums Finnland ist nie erfolgt. Im ihrem späteren Rechtsstreit mit der Reichszentrale ist von den Finnen dennoch der Akt von Porvoo als eine Art Staatsvertrag zwischen gleichberechtigten Partnern ausgelegt und als Grundgesetz der finnischen Autonomie verstanden worden. In den inhaltlichen Festlegungen bezog man die Worte des Zaren sehr konkret auf die Bestimmungen, die in der schwedischen Regierungsform von 1772 und in der Vereinigungs- und Sicherheitsakte von 1789 festgeschrieben waren.

Osmo Jussila hat in seinen grundlegenden Forschungsarbeiten diese formaljuristische Ausdeutung einzelner Verfassungstexte aus der Schwedenzeit in die Alltagswirklichkeit der russisch-finnischen Beziehungen zurückgeholt. Er hat den Spielraum, der einer finnischen Autonomie im Gefüge eines autokratischen Herrschaftssystems zugestanden werden konnte, an der Regierungspraxis überprüft und neu vermessen. Dabei zeigte sich, dass die von den finnischen Verfassungsrechtlern unterstellte säuberliche Trennung der beiden Rechtsgebiete in den Gesetzgebungsverfahren während der Autonomiezeit keineswegs strikt eingehalten wurde.

Der Ständelandtag, der das eigentliche tragende Element einer gelebten Autonomie sein sollte, ist nach dem Huldigungsakt von Porvoo erst 1863, also mehr als ein halbes Jahrhundert später, wieder einberufen worden. Aus russischer Sicht beruhten die finnischen Sonderrechte ausschließlich auf einem zarischen Gnadenerweis, der den Bewohnern einer eroberten Provinz gewährt wurde. Im Konfliktfall hatten sie sich dem übergeordneten Reichsrecht (nach dem Grundsatz: Reichsrecht geht vor Landesrecht) oder den vorrangigen Gesamtstaatsinteressen unterzuordnen.

Die gegensätzlichen Standpunkte kommen sehr einprägsam in den jeweiligen Buchtiteln der umfangreichen Denkschriften zum Ausdruck, in denen die beiden Protagonisten im Gutachterstreit der 8oer-Jahre die konträren finnischen und russischen Sichtweisen vortrugen. Während der kaiserliche Hofmeister Kesar F. Ordin seine zweibändige Darstellung der Finnlandfrage mit «Die Eroberung Finnlands» (russ. Pokorenie Finljandii, 1889) überschrieb, wählte sein Kontrahent, der finnische Historiker Johan R. Danielson-Kalmari, in seiner Entgegnungsschrift den Titel: «Die Vereinigung Finnlands mit dem russischen Reiche» (1890). Anlass für den Einspruch Ordins war eine kleine Schrift über die bestehenden Autonomieregelungen in Finnland, die der Senator und Rechtsprofessor Leo Mechelin 1886 in französischer Sprache für ein breiteres europäisches Publikum verfasst hatte. Sie erweckte den Eindruck, dass das Großfürstentum Finnland über eine Verfassung verfügte, die der zarischen Autokratie Beschränkungen auferlegte. K. F. Ordin nahm die Schrift Mechelins zum Anlass, eine heftige Pressepolemik gegen einen drohenden finnischen Separatismus vom Zaun zu brechen und die russische Regierung unter Druck zu setzen. 1887 brachte er eine kommentierte Übersetzung unter dem provozierenden Titel «Die Verfassung Finnlands» (russ. Original: Konstitucija Finljandii) heraus.

Alexander I. hatte seinen persönlichen Auftritt in Porvoo 1809 wohl vor allem als ein Versöhnungsangebot gegenüber seinen neuen Untertanen verstanden, die durch die Friedensvereinbarungen zum Loyalitätswechsel gezwungen wurden. 1812 ließ er auch die Rückführung der ostfinnischen Gebietsteile (sog. Altfinnland) wieder zu, die Schweden in den Friedensschlüssen von 1721 und 1743 an das Zarenreich abtreten musste. Bei der verwaltungsmäßigen

Eingliederung des neu geschaffenen Großfürstentums räumte der Zar den finnischen Interessenvertretern weitgehende Vorrechte ein. 1809 wurde am kaiserlichen Hof in St. Petersburg eine eigene Kommission für finnische Angelegenheiten (1811 in Komitee für finnische Angelegenheiten umbenannt) geschaffen. Als Präsident wurde Gustaf Mauritz Armfelt berufen, der bis 1814 amtierte. Das Komitee hatte gemeinsam mit dem ebenfalls 1809 eingerichteten Amt des finnischen Staatssekretärs ein unmittelbares Vortragsrecht beim Zaren für die besonderen Anliegen des Landes. Als Zar Nikolaus I. 1826 die Auflösung des Komitees verfügte, war der Staatssekretär der einzige Repräsentant des Großfürstentums am Kaiserhof. Seit 1834 führte er die Amtsbezeichnung Ministerstaatssekretär. Die ihm zugedachte zentrale Vermittlungsaufgabe am Zarenhof ist immer von Finnländern wahrgenommen worden. Jahrzehntelang, von 1811 bis zu seinem Tod 1841, hatte Robert Henrik Rehbinder, der bisherige Sekretär Speranskijs, dieses Amt inne. Vor Ort in Finnland ließ sich der Zar sowohl in zivilen als auch in militärischen Angelegenheiten durch den Generalgouverneur vertreten. Die Generalgouverneure waren in der Regel hochrangige russische Militärs. Nicht selten entstammten sie dem deutsch-baltischen Adel.

Der Generalgouverneur führte von 1808 bis 1917 offiziell den Vorsitz der finnischen Regierung, die vor Ort 1809 als Regierungsconseil eingerichtet wurde. Das Gremium bestand ursprünglich aus 14 Mitgliedern, seit 1812 aus 16 Mitgliedern. Die Mitglieder rekrutierten sich je zur Hälfte aus dem Adel und aus den anderen Ständen und waren auf drei Jahre gewählt. Bei Stimmengleichheit gab das Votum des Generalgouverneurs den Ausschlag. Um die Ranggleichheit der finnischen Regierung mit der obersten Reichsinstanz im Russischen Reich, dem Regierenden Senat, herauszustellen, wurde der Regierungsconseil im Februar 1816 in Kaiserlicher Finnischer Senat umbenannt. Noch heute erinnert im Zentrum Helsinkis der Senatsplatz an diese einstige oberste Regierungsinstitution des Großfürstentums Finnland. Der Senat gliederte sich in zwei Departemente: das Justizdepartement, das in der Praxis die Funktion eines obersten Gerichtshofes wahrnahm und dem die Hofgerichte in Turku, Wasa und Wiborg (seit 1839) untergeordnet waren, und das Ökonomiedepartement mit mehreren Untergliederungen, den sog. Expeditionen, die für die einzelnen Sparten der Staatsverwaltung zuständig waren. Mit Ausnahme des nominellen Vorsitzenden des Senats, der aber meist in St. Petersburg residierte und sich vor Ort in Helsinki vertreten ließ, waren alle Senatoren Finnen.

Von der Provinz zum Staat

Die Wiederberufung des finnischen Landtages im Jahre 1863 erfolgte nicht zufällig während der aktuellen Polenkrise. Sie war als eine ermunternde Geste für die loyalen Finnen gedacht. Sehr rasch entfaltete die Ständevertretung ein Eigenleben, und die Abgeordneten brachten sich unübersehbar in der politischen Willensbildung im Lande ein. Schon 1869 erreichten sie die Periodizität der Sitzungen, 1886 das Recht zu eigenen Gesetzesinitiativen. Die Umbruchzeit der ersten russischen Revolution von 1905 nutzten die Abgeordneten der Vierständekammer zu einem radikalen Reformschritt, dem sich auch die Vertreter des bisher privilegierten Adels nicht entgegenstellten. Am 20. Juli 1906 fassten sie mehrheitlich den Beschluss, zum modernen Parlamentarismus überzugehen: mit der Vertretung des ganzen Volkes in einer Kammer auf der Grundlage gleicher und allgemeiner Wahlen. Erstmals in der Geschichte Europas wurde auch den Frauen volles aktives und passives Stimmrecht zugestanden.

Die finnischen Frauen hatten schon in den Jahren zuvor eine spürbare Verbesserung ihrer rechtlichen und wirtschaftlichen Lage erreicht. In der Textil-, der Tabak- und der Papierindustrie besetzten sie einen wachsenden Anteil der Arbeitsplätze, wenn sie sich auch mit den schlechter entlohnten Arbeiten begnügen mussten und selten Leitungsfunktionen wahrnahmen. Engagierte Frauen kämpften für eine schrittweise Befreiung aus den Zwängen einer patriarchalischen Gesellschaft. Die Schriftstellerin Minna (Ulrika Wilhelmina) Canth (1844–1897) brachte in ihren sozialkritischen Dramen die Alltagsprobleme in den Familien auf die Bühne. Während in den sog. altfinnischen Gebieten schon im 18. Jahrhundert Mädchenschulen existierten, öffnete die erste Gemeinschaftsschule für Jungen und Mädchen in Helsinki erst 1883 ihre Pforten. Als erste Frau in ganz Skandinavien erhielt Maria Čečulin, die Tochter eines russischen Kommerzienrats, 1870 das Zugangsrecht zum Universitätsstudium in Helsinki. Das neue Erbrecht von 1878 stellte die weiblichen Familienmitglieder den männlichen gleich. 1884 wurde der Finnische Frauenverein (Suomen Naisyhdistys) unter der Leitung der Frauenrechtlerin Alexandra Gripenberg (1857–1913) gegründet.

Tragendes Fundament eines finnischen Eigenlebens innerhalb des russischen Vielvölkerstaates waren die ererbten schwedischen Rechtstraditionen, die lutherische Konfession und die sprachliche Sonderstellung der Mehrheitsbevölkerung. Zwar hatte in der internen Kommunikation weiterhin das Schwedische als offizielle Verwaltungssprache den Vorrang, doch immer energischer drängte der zahlenmäßig dominierende finnische Bevölkerungsteil auf eine gleichberechtigte Anerkennung seiner Muttersprache. Er fand Unterstützung bei prominenten Persönlichkeiten, allen voran bei dem bekannten Gelehrten Johan Vilhelm Snellman (1806–1881), der durch seine philosophischen Studien in Turku und Tübingen mit der hegelianischen Rechtsphilosophie vertraut war und über die notwendige journalistische Erfahrung verfügte. Er hatte schon während seiner Studienjahre Umgang mit den führenden Vertretern der Turkuer Romantik und der entstehenden nationalen Bewegung und nahm sich der finnischen Sache mit Herzblut an. Sein Engagement geschah nicht immer zur Freude der Obrigkeit, die ihn aufrührerischer Machenschaften verdächtigte. Als Sprachrohr seiner kulturpolitischen Ideen gründete er als Gymnasialdirektor in Kuopio 1844 eine Zeitung für bäuerliche Leser, den «Freund des Landmannes» («Maamiehen Ystävä»), und für die gebildeten Schichten das schwedischsprachige Wochenblatt «Saima», dessen fennomane Intentionen er nach dem Verbot (1846) seit 1847 in dem «Literaturblatt für allgemeine mitbürgerliche Bildung» (Litteraturblad för allmän medborgerlig bildning) gemeinsam mit seinem Studienfreund Lönnrot fortführte. 1863 wurde Snellman als Senator in die finnische Landesregierung berufen. Er übernahm die Zuständigkeit für Finanzfragen und für den Staatshaushalt. In der historischen Erinnerung der Finnen lebt er als nationaler Heroe und als der eigentliche Schöpfer der finnischen Nation fort.

Snellman steuerte mit seinen publizistischen Beiträgen zur finnischen Nationsidee die rationalen philosophischen Begründungen und den volkserzieherischen Impetus bei. Unterstützt wurde er durch das neue Kirchengesetz von 1869, das den Elementarunterricht der heranwachsenden Jugend aus der kirchlichen Obhut löste. Das 1863 nach den Intentionen des Pfarrers und Schulmannes Uno Cygnaeus (1810–1888) eröffnete Lehrerseminar in Jyväskylä sollte eine im neuen patriotischen Geiste geschulte Lehrergeneration bereitstellen. Die Leitung der Einrichtung übernahm der «Vater der finnischen Volksschule» und oberste Schulinspektor des Elementarschulwesens (seit 1861) bis 1868 selbst. Praktische Schulerfahrungen hatte er während seines zehnjährigen Aufenthaltes in St. Petersburg als Pfarrer der dortigen finnischen Gemeinde und als Schulleiter gesammelt. 1866 wurde nach seinen Vorstellungen eine Volksschulsatzung erlassen. Die Einführung der allgemeinen Schulpflicht in Finnland verzögerte sich allerdings noch bis 1921.

Als Staatsmann leitete Snellman konkrete Schritte zur Realisierung der hochgesteckten Zukunftserwartungen in der finnischen Bevölkerung ein. Mit seinem Namen verbunden sind zwei grundlegende Erlasse der kaiserlichen Regierung, zu deren Ausfertigung er persönlich mit der ihm eigenen Überzeugungskraft den Zaren überredet hatte. Sie markieren den entscheidenden Durchbruch in den Bemühungen um eine finnische Eigenständigkeit. In der Sprachenfrage erreichte er eine zukunftsweisende Verordnung, die der Zar anlässlich seines Finnlandbesuches am 1. August 1863 in Hämeenlinna unterzeichnete. Sie bestätigte zwar weiterhin das Schwedische als offizielle Amtssprache, sah aber innerhalb der nächsten beiden Jahrzehnte eine Gleichstellung der finnischen Sprache vor. 1865 erfolgte eine Sprachverordnung, die den Amtspersonen während dieser Übergangszeit die schrittweise Einführung der finnischen Sprache vorschrieb. Es bedurfte allerdings noch mehrerer Jahrzehnte heftiger Auseinandersetzungen zwischen Fennomanen und Svekomanen, die im Fahrwasser ihrer nationalistischen Ideologen, den Professoren und Parteiführern Yrjö Sakari Yrjö-Koskinen (1830–1903) und Axel Olof Freudenthal (1836bis 1911), auf den Landtagen und in der Presse agitierten, bis sich mit der Sprachverordnung vom 19. Juni 1902 das Finnische endgültig als Amtssprache durchsetzte. Nicht weniger bedeutsam war das Währungsmanifest vom 4. November 1865. Es erklärte die «Mark» (finn. *markka*), die schon seit 1860 im Wert eines Viertelrubelscheines im Umlauf war, als Münzeinheit zur offiziellen Landeswährung im Großfürstentum Finnland. Der Rubel behielt zwar auch weiterhin seine Gültigkeit, aber mit der Prägung der finnischen Silbermark war der Weg frei zu einem vom Russischen Reich abgesonderten, eigenen Währungs- und Wirtschaftsgebiet.

Die politische Elite Finnlands agierte in der Ausübung der Selbstverwaltungsrechte, die ihr die russischen Zaren zugestanden hatten, nicht immer mit der gebotenen Zurückhaltung. Der Schwebezustand, in dem die finnische Verfassungsfrage von russischer Seite belassen wurde, ermunterte die Finnen, den Handlungsspielraum auszuloten und den weiteren Ausbau eigenstaatlicher Einrichtungen voranzutreiben. Bei der Neufassung des Staatsbürgerschaftsrechts, das russische Reichsangehörige vom Staatsdienst ausgrenzte, bewegte man sich auf einem gefährlichen Terrain. Die Einrichtung eigener konsularischer Vertretungen im Ausland, die Ausgabe eigener Briefmarken, die Bemühungen insbesondere unter der Studentenschaft, sichtbare nationale Symbole zu schaffen und eine Nationalhymne und eine Nationalflagge zu kreieren, markierten in der Außenwirkung unübersehbare Zeichen eines erwachenden Staatsbewusstseins. Sie setzten die Agitatoren aber auch zwangsläufig dem Verdacht des Separatismus aus.

Die von Alexander II. nach dem Krimkrieg (1853–1856) eingeleiteten Reformen begünstigten die Umsetzung längerfristiger Planungsvorhaben zum Ausbau eines eigenständigen finnischen Wirtschaftsraumes. An der Ausarbeitung der Konzepte war der Senator Lars Gabriel von Haartmann, der fast zwei Jahrzehnte (1840–1858) in der Regierung für Wirtschaftsfragen zuständig war, aktiv beteiligt gewesen. Er war auch einer der Initiatoren des Kanalprojektes im Saimaagebiet. Der Saimaakanal, eine 43 km lange Wasserstraße von Lappeenranta bis Wiborg, konnte nach 10-jähriger Bauzeit am 7. September 1856 von Zar Alexander II. feierlich eröffnet werden. Die Anbindung an die Ostsee und an den Ausfuhrhafen Wiborg schuf günstige Voraussetzungen für einen wirtschaftlichen Aufschwung in den bisher benachteiligten ostfinnischen Gebieten. 1857 fiel die Entscheidung, zwischen Helsinki und Hämeenlinna eine Eisenbahntrasse zu verlegen, 1862 konnte der Zugverkehr aufgenommen und das Eisenbahnzeitalter in Finnland eröffnet werden.

Ein günstiges Handelsstatut, das 1858 vereinbart worden war, nahm Finnland von den hohen Schutzzöllen aus und öffnete finnischen Händlern und Unternehmen einen weitgehend ungehinderten und nur mit geringen Abgaben belasteten Zugang zum gesamten russischen Wirtschaftsraum. Der russische Absatzmarkt war in dieser Phase von nachhaltiger Bedeutung für Finnland. In der Mitte des 19. Jahrhunderts wurde etwa die Hälfte des finnischen Außenhandels mit dem russischen Nachbarn abgewickelt. Finnische Bauern waren die wichtigsten Lieferanten von Lebensmitteln und Konsumwaren zur Versorgung der Metropole St. Petersburg. Neben dem Bauernhandel hielt die kaiserliche Residenz für die Bewohner des finnischen Hinterlandes attraktive Angebote für Saisonarbeiten aller Art bereit. Vor Beginn des Eisenbahnzeitalters boten sich zudem gute Verdienstmöglichkeiten bei den unentbehrlichen Frachtdiensten, die sowohl auf dem Land- wie auf dem Seeweg von finnischen Bauern besorgt wurden.

Dennoch hielten die heimischen Erwerbsangebote mit der rasant ansteigenden Bevölkerungsentwicklung nicht Schritt. Zahlreiche finnische Familien in der zweiten Hälfte des 19. Jahrhunderts sahen keine andere Möglichkeit, als ihren Lebensunterhalt im Ausland zu verdienen. Bevorzugtes Auswanderungsland waren – neben dem Nachbarland Schweden – die Vereinigten Staaten. Zwischen 1864 und 1930 nahmen ca. 390 000 Finnen den Weg nach Übersee und ließen sich vornehmlich in Michigan, Minnesota, Wisconsin und Massachusetts nieder. Schweden hatte schon seit der frühen Neuzeit immer wieder finnische Aussiedler angezogen. Einen Höhepunkt sollte die Auswanderung nach dem Zweiten Weltkrieg in den 6oer-Jahren erreichen, als fast eine halbe Million Finnen auf der Suche nach Arbeit über die Grenze nach Schweden zogen.

In der kritischen Frage der Landesverteidigung konnten sich die Finnen ihre Eigenständigkeit mit eigenem Truppenaufgebot erhalten. An Kampfeinsätze außerhalb der Landesgrenzen beteiligte sich im Laufe des 19. Jahrhunderts nur die sog. Finnische Garde, die aus einem 1818 gegründeten Lehrbataillon entstanden war. Während des Russisch-Türkischen Krieges 1877/78 zeichnete sie sich in Nordbulgarien in den Kämpfen um die Festung Plevna bei Gorni Däbnik durch besondere Tapferkeit aus. Als ersten Kriegsminister des befreiten Bulgarien berief Fürst Alexander von Battenberg den russischen General finnischer Herkunft Johann Casimir Ehrnrooth (1833–1913). Er hat nach seiner Rückkehr als Ministerstaatssekretär in St. Petersburg (1888–1891) die Interessen Finnlands am Kaiserhof vertreten.

Dem russischen Druck zu Einführung einer allgemeinen Volksarmee konnten sich die Finnen unter dem Eindruck der großen Orientkrise (1875–1878) nicht mehr widersetzen. Das 1878 beschlossene Wehrpflichtgesetz, das 1881 wirksam wurde, verpflichtete sie aber nur zur Aushebung von 5000 Soldaten. Unter dem Oberkommando von General Georg Ramsay wurden acht Scharfschützenbataillone aufgestellt, deren Einsatz ausschließlich für die Sicherung der eigenen Landesgrenzen bestimmt war. Kommandosprache war Russisch, die schwedische und die finnische Landessprache fanden als Ausbildungssprachen Verwendung. Die Hauptlast der Verteidigungsaufgaben blieb den im Lande stationierten russischen Truppen überlassen. Sie stellten in Friedenszeiten ein Kontingent von etwa 10 000 Mann, das bei Kriegsgefahr aufgestockt wurde. Auf das Wehrpflichtgesetz von 1901, das die finnischen Truppen der russischen Heeresleitung unterstellte, reagierten die Finnen mit passivem Widerstand und der Behinderung der administrativen Umsetzung. Zar Nikolaus II. zeigte sich schließlich zu Zugeständnissen bereit. Um weitergehenden Eingriffen zu entgehen, kauften sich die Finnen 1905 gegen jährliche Geldzahlungen (sog. Soldatenmillionen, finn. *sotilasmiljoonia*) von der Wehrpflicht frei. Finnland war aus diesem Grund weder am Russisch-Japanischen Krieg noch am Ersten Weltkrieg mit eigenen Truppen beteiligt.

Auf der Suche nach der nationalen Kunst

Die geschichtlichen Begründungen für die neue Wertschätzung des eigenen Volkes im Geiste Herders lieferte Zacharias (Zahris) Topelius (1818–1898) in seinen patriotischen Erzählungen über Finnland und über die Geschichte der Finnen. Sein «Boken om vårt land» (1875, finn. «Maamme kirja») zählt bis heute zu den populärsten Heimatbüchern in Finnland. Die dichterische Ausgestaltung dieses neu erwachten Gemeinschaftsbewusstseins übernahm Johan Ludvig Runeberg (1804–1877). Seine Balladendichtung «Erzählungen des Fähnrich Stål» (im schwedischen Original «Fänrik Ståls sägner», in zwei Teilen 1848 und 1860 erschienen) besingt in eindrucksvollen Bildern heldenhafte Episoden aus den Kriegsjahren 1808/09 und beschwört den Freiheitswillen und die ungebrochene Heimatliebe der finnischen Bevölkerung. Das als Eingangslied konzipierte Gedicht «Unser Land» (schwed. «Vårt land», finn. «Maamme») ist in der Komposition des in Helsinki wirkenden deutschen Musikers Fredrik (Friedrich) Pacius aus dem Jahre 1848 zur finnischen (und später auch zur estnischen) Nationalhymne geworden. Runeberg entstammte der schwedischen Minderheit. Er wuchs in einer schwedischsprachigen Umgebung in Jakobstad (Pietarsaari) auf und schrieb auch in schwedischer Sprache. Zum eigentlichen Schöpfer der finnischen Literatursprache wurde Aleksis Kivi (1834–1872), der in beiden Sprachen schrieb. Er wurde als Alexis Stenvall geboren und wuchs in einem schwedisch-finnischen Sprachmilieu auf. Er starb schon mit 38 Jahren in geistiger Umnachtung und in ärmlichsten Verhältnissen. Die teilweise heftigen Anfeindungen, denen er sich zu Lebzeiten durch die zeitgenössische Literaturkritik ausgesetzt sah, ließen noch nichts von dem späteren Ruhm Kivis als Nationaldichter Finnlands erahnen. Mit seinen Theaterstücken hatte er mehr Erfolg als mit seinem Schelmen- und Entwicklungsroman «Die sieben Brüder», der nach seinem Tode in einer beeindruckenden Rezeptionsgeschichte zu einem echten Volksbuch geworden ist. Der Dichter eröffnete mit der poetischen Darstellung der ungeschlachten Bauernwelt um den alten Jukolahof den Blick auf die Entwicklungsgeschichte eines ganzen Volkes.

Die erwachende nationale Gesinnung fand ihren Niederschlag auch in der Fennisierung der Familiennamen. Sie vollzog sich in der zweiten Hälfte des 19. Jahrhunderts in einer Umbruchphase, in der sich die bisher nicht reglementierte Namen- und Beinamengebung in Finnland an europäische Vorbilder anzuschließen begann. Vererbbare Familiennamen waren bisher nur in Ostfinnland üblich und seit Jahrhunderten schon in Gebrauch. Während der schwedischen Großmachtzeit hatten Vertreter der gehobenen Stände, des Adels, der Geistlichkeit, der Beamtenschaft und des Bürgertums, teilweise aber auch Handwerker und Soldaten die Praxis besonderer Beinamen übernommen. Nun aber wurde die von den Behörden betriebene Einführung eines einheitlichen Familiennamensystems zu einem symbolträchtigen Bekenntnis der Volkszugehörigkeit. Zahlreiche Vertreter der gehobenen Stände entschlossen sich, ihre ererbten schwedischen Namen gegen eine finnische Namensform einzutauschen. Den Höhepunkt erreichte diese nationale Aufbruchstimmung mit der kollektiven Manifestation zu Snellmans 100. Geburtstag im Jahre 1906, als 100 000 Finnen demonstrativ die Fennisierung ihres Namens vollzogen.

An der Besinnung auf die nationalen Werte in der finnischen Gesellschaft hatte die Kunst einen wesentlichen Anteil. Das «Goldene Zeitalter» der finnischen nationalen Kunst fällt in die 8oer- und 9oer-Jahre des 19. Jahrhunderts. Es lebte von der nationalen Romantik, von der Entdeckung der unverwechselbaren urwüchsigen finnischen Landschaft und von der Visualisierung des Kalevala-Mythos. Die Kalevala-Motive sind insbesondere durch die Bilder und Fresken von Axel Gallén (seit 1906 Akseli Gallen-Kallela, 1865–1931) Generationen von Finnen vermittelt worden. Sie haben ebenso wie die Illustrationen von Graf Louis Pehr Sparre (1863–1964) und später von Aarne Karimo (1886–1952, bis 1906 Hasselqvist) die Heroisierung der Vorzeit betrieben und dauerhaft in der breiteren Öffentlichkeit idealisierte Vorstellungen von der vorchristlichen Vergangenheit der Finnen geprägt. Eine ähnliche Breitenwirkung erzielte Albert Edelfelt (1854–1905) mit seinen Illustrationen zu den Erzählungen des Fähnrichs Stål von Runeberg.

Die patriotische Gesinnung und die Mobilisierung nationaler Leidenschaft bewegten auch den wohl bedeutendsten Komponisten Finnlands, Jean Sibelius (1865–1957), u. a. bei der Komposition seiner sinfonischen Dichtungen «Kullervo» (1892), «Der Schwan von Tuonela» (1896), «Finlandia» (1899), «Tochter des Nordens» (1906) und «Der Barde» (1913/14). Sibelius ist der Schöpfer der finnischen nationalen Musikkultur, der er weit über die Landesgrenzen hinaus zu Ansehen und Anerkennung verholfen hat. Zu seinen Lehrern zählte u. a. Martin Wegelius (1846–1906), der 1882 das Musikinstitut Helsinki, die heutige Sibelius-Akademie, gegründet hat.

Die unmittelbaren Eindrücke, die Künstler, Schriftsteller und Architekten von ihren Reisen in die Vergangenheit nach Karelien mitbrachten, halfen auf der Suche nach der finnischen Identität. Sie förderten in der gesamten Literatur- und Kunstszene eine populäre Stilrichtung des sog. Karelianismus, der das ganze Umfeld der künstlerischen Bemühungen bestimmte und die Themen vorgab, die vorzugsweise behandelt wurden. In der Malerei hatten schon die Malerbrüder Magnus (1805–1868), Wilhelm (1810–1887) und Ferdinand (1822–1906) von Wright in biedermeierlicher Manier typische Besonderheiten der Seenlandschaft und der Tierwelt Finnlands nachgezeichnet. Die bewusst als finnische Nationallandschaft wahrgenommene urtümliche Lebenswelt, in der sich die Menschen seit der grauen Vorzeit bis in die unmittelbare Gegenwart bewegten, ist zu einem bevorzugten Sujet u. a. bei Akseli Gallen-Kallela, Eero Järnefelt (1863–1937), Pekka Halonen (1865 bis 1933) oder Helene Schjerfbeck (1862–1946) geworden. Mit einer bemerkenswerten Hartnäckigkeit haben sich gegenüber der dominierenden Maltradition einzelne Maler wie Hugo Simberg (1873–1917), ein Schüler A. Gallen-Kallelas, und die selbstbewusste Ellen Thesleff (1869–1954) als Künstlerpersönlichkeiten behauptet und Anregungen der zeitgenössischen ausländischen Kunst in eine eigene symbolistische Bildsprache übersetzt.

In der Literatur folgten den patriotischen Leitideen der neuromantische Dichter Eino Leino (eigentlich Armas Eino Leopold Lönnbohm; 1878–1926) u. a. mit seiner Gedichtsammlung «Helkavirsiä» und Juhani Aho (eigentlich Juhani Brofeldt, 1861–1921) mit seinen Romanen zu historischen Themen und zum bäuerlichen

Alltag sowie der mit ihm eng befreundete Tolstoianer Arvid Järne-felt (1861–1931). An der Wende zum 20. Jahrhunderts fanden sich an den Ufern des Tuusulasees nördlich von Helsinki herausragende Vertreter der neuen nationalfinnischen Kunstrichtung zu einer Künstlerkolonie zusammen, der u. a. die Maler Pekka Halonen und Eero Järnefelt, die Schriftsteller Juhani Aho und Juhana Heikki (Johan Henrik) Erkko sowie der Komponist Jean Sibelius an seinem nahe gelegenen Wohnsitz Ainola in Järvenpää angehörten.

Die umfangreichen Sammlungen finnischer Altertümer, die von der seit 1870 bestehenden Finnischen Antiquarischen Gesellschaft, der Universität Helsinki, dem Ethnographischen Museum der Finnischen Studentenunion und der staatlichen Archäologischen Kommission zusammengetragen worden waren, sind 1893 in die Obhut des neu gegründeten Staatlichen Historischen Museums in Helsinki übergegangen und in eine Gesamtschau integriert worden. 1917 wurde das Museum umbenannt in Finnisches National-museum. Der Museumsbau ist zwischen 1905 und 1910 nach den Plänen des berühmten Büros der gleichaltrigen Architekten Herman Gesellius (1874–1916), Armas Lindgren (1874–1929) und Eliel Saarinen (1873–1950) errichtet und 1916 feierlich eingeweiht worden. Eliel Saarinen war in seiner ersten Schaffensperiode in Finnland einer der bedeutendsten Vertreter des nationalromantischen Baustils. Zusammen mit seinen Kollegen entwarf er den viel ge-rühmten finnischen Pavillon auf der Pariser Weltausstellung 1900 und das gemeinsame Atelier in Hvitträsk bei Kirkkonummi (gebaut 1901–1904), das er später bis zu seiner Übersiedlung in die USA im Jahre 1923 als Privathaus nutzte. Die 1904 im nationalromantischen Geiste konzipierten Pläne zum Hauptbahnhof in Helsinki hat E. Saarinen für die eigentliche Bauphase (1910–1914) grundlegend überarbeitet und dabei moderne konstruktivistische Bauelemente aufgenommen. Sie waren von seinen Kritikern als zeitgemäßere Formensprache vehement eingefordert worden. Im Wettstreit gegensätzlicher zeitgenössischer Stilformen zwischen Neugotik und Neurenaissance, Jugendstil und Neoklassizismus, zwischen Romantik und Rationalismus sind an der Jahrhundertwende eine Reihe repräsentativer öffentlicher Gebäude in der Innenstadt Hel-sinkis entstanden, deren sehr unterschiedlich gestaltete Fassaden noch heute das Straßenbild prägen.

Die Ausbildung eines genuin finnischen Kunststils im «Goldenen Zeitalter» der finnischen Kunst hat über alle Standesgrenzen und Partikularinteressen hinweg jene gemeinsame patriotische Grundstimmung geschaffen, die in den schweren Zeiten der Konfrontation mit dem russischen Nationalismus die Selbstbehauptungskräfte stärkte und den Willen zur staatlichen Unabhängigkeit mobilisieren half.

Autonomie und Autokratie

Die in Finnland praktizierte Form der Autonomie funktionierte jahrzehntelang nur als stillschweigender Konsens unter den Beteiligten. Er durfte nicht weiter hinterfragt werden, oder wie es der Sohn Gustaf Mauritz Armfelts, der von 1842 bis 1876 amtierende Ministerstaatssekretär für Finnland Alexander Armfelt, formulierte: Je weniger man davon spricht, desto glücklicher lebt man miteinander. Im letzten Drittel des 19. Jahrhunderts brach unter diesem labilen verfassungsrechtlichen Schwebezustand der Boden weg. Die finnische Verfassungsfrage musste im Zeichen einer rigorosen Unifizierungs- und Russifizierungspolitik immer unausweichlicher in die Schusslinie geraten. Die Verfechter eines aggressiven großrussischen Nationalismus wollten sich nicht mehr mit einer differenzierenden Nationalitätenpolitik in den Randprovinzen abfinden. Die zollpolitische Bevorzugung der Finnen war den industriellen Kreisen in Russland ein Dorn im Auge. Sie drängten auf Änderungen des Handelsstatus. Unter den Militärs regte sich Unmut über den vergleichsweise geringen personellen und materiellen Beitrag, den Finnland zur Grenzsicherung und zum Verteidigungshaushalt des Reiches leistete. Die hauptstädtische Bevölkerung, die in den Sommermonaten die Erholungsgebiete auf der Karelischen Landenge und am Finnischen Meerbusen aufsuchte, erlebte die innerrussische Grenze als einen Übergang ins Ausland. Sie traf bei den Pass- und Zollkontrollen auf finnische Grenzbeamte, die der russischen Sprache nicht mächtig waren. Angesichts dieser offenkundigen Diskriminierung im eigenen Lande fand in den 80er-Jahren die Agitation gegen die Sonderstellung Finnlands wachsenden Zuspruch in der russischen Gesellschaft und brachte die Regierung in Zugzwang. Initiator der Pressekampagne war Michail N. Katkov (1818–1887). Er betrieb als langjähriger Herausgeber der «Moskauer Nachrichten» eine Neubelebung der slavophilen Ideologie und nutzte seine Zeitung als Sprachrohr für eine wieder erstarkende konservative

Gegenbewegung. Sein Einfluss reichte bis in höchste Regierungskreise.

An einzelnen die Bewegungsfreiheit der finnischen Selbstverwaltung einschränkenden Maßnahmen der russischen Regierung lässt sich ablesen, dass sich der Wind zu drehen begann und dem finnischen Eigenbewusstsein, das auszuufern drohte, Grenzen gesetzt wurden. 1884 wurden unter Alexander Bernhard von Weissenberg (1822–1901), einem Verwaltungsfachmann baltendeutscher Herkunft, die Beratungen über eine neue Kodifikation der Grundgesetze Finnlands aufgenommen. Die Überlegungen zur Vereinheitlichung der finnischen Gesetzgebung rührten an grundsätzliche Fragen der finnischen Verfassung. Die heikle Thematik wurde zur weiteren Behandlung an eine gemischte Kommission (sog. Bunge-Komitee) übertragen. Nach der Denkschrift, die dem Zaren zugeleitet wurde, sollte die Reichsgesetzgebung Vorrang haben und der finnische Landtag nur noch beratend mitwirken. 1890 verlor das finnische Postwesen seine Eigenständigkeit. Die Postverwaltung wurde der russischen Reichspost unterstellt. Ins Visier der Behörden geriet auch die finnische Zoll- und Geldpolitik. Gegen das neue finnische Strafgesetzbuch wurde von russischer Seite Einspruch erhoben. Eine Verordnung vom 7. Dezember 1891 verlangte von Amtspersonen die Kenntnis der russischen Sprache.

Die Trendwende in den Beziehungen zu Russland ist im populären finnischen Geschichtsverständnis eng verbunden mit dem Namen des Generalgouverneurs General Nikolaj I. Bobrikov. Er vertrat in seiner Amtszeit 1898–1904 eine harte Linie gegen finnische Eigenmächtigkeiten. In die Bobrikov-Ära fällt das berüchtigte Februarmanifest des Zaren vom 3./15.2. 1899. Aus russischer Sicht formulierte es nur die schon lange geforderte Klarstellung bei der Kompetenzabgrenzung und der Reichweite der Reichsgesetzgebung. Für die Finnen war es ein Verfassungsbruch, der wie ein Schock wirkte und heftige Gegenreaktionen auslöste. Der Kunstmaler Edvard (Eetu) Isto hat auf seinem Gemälde «Der Angriff» diesen allgemeinen Eindruck publikumswirksam in Szene gesetzt. Er malte vor einem bedrohlichen dunklen Hintergrund den furchterregenden russischen Doppeladler, der mit breitem Flügelschlag der unschuldigen finnischen Maid das Gesetzbuch (lex) aus den Händen zu reißen versucht. In einer beispiellosen Mobilisierungsaktion sammelten die Finnen im ganzen Lande über eine halbe Million Unterschriften unter eine «Große Adresse» an den Zaren, deren Annahme aber in St. Petersburg verweigert wurde. Die bedrängten Finnen fanden für ihren Rechtsstandpunkt hochrangige Unterstützung unter 1063 prominenten Verfassungsrechtlern, Wissenschaftlern und Künstlern auf der ganzen Welt, die sich in einer spektakulären Solidaraktion zur Unterzeichnung einer Pro-Finlandia-Adresse zusammenfanden.

Erste Russifizierungstendenzen machten sich an der Wende zum 20. Jahrhundert unübersehbar bemerkbar. Eine Sprachenverordnung 1900 sah die Einführung der russischen Sprache in den Amtsstuben und als Pflichtfach in den Schulen vor. Im Verkehr mit den russischen Behörden wurde die Verwendung des Russischen vorgeschrieben. Russischen Staatsbürgern wurde das Zugangsrecht zum Staatsdienst in Finnland und der Immobilienbesitz zugestanden.

Die finnische politische Elite und die Öffentlichkeit reagierten tief gespalten auf die neue Sachlage. Während die Mehrheit unter den Altfinnen, die sog. Versöhnler (z. B. Yrjö Sakari Yrjö-Koskinen und Johan Richard Danielson-Kalmari), im nationalen Interesse zur Nachgiebigkeit rieten und auch weiterhin die Zusammenarbeit mit der Reichszentrale nicht aufkündigen wollten, riefen die «Jungfinnen» unter der Führung von Jonas Castrén und Lauri Kivikäs, die Vertreter der Finnlandschweden und die seit 1899 in der Sozialdemokratischen Partei organisierten Arbeiterführer zum passiven Widerstand auf. In ihren Reihen engagierten sich die besten Kenner des finnischen Verfassungsrechts wie Leo Mechelin und die späteren Präsidenten Finnlands Kaarlo Juho Ståhlberg (1865–1952) und Pehr Evind Svinhufvud (1861–1944). Die «Aktivisten» wie Konni Zilliacus (1855–1924) scheuten sich nicht, den aktiven Widerstand im Untergrund zu organisieren und nach ausländischer Unterstützung auch bei den Feinden Russlands Ausschau zu halten. Die Radikalisierung des öffentlichen Protestes steigerte sich bis zur Ermordung des verhassten Generalgouverneurs Bobrikov am 16. 6. 1904 im Senatsgebäude in Helsinki. Der junge Staatsbeamte Eugen Schauman (1875–1904), der die tödlichen Schüsse abfeuerte, nahm sich anschließend das Leben.

Ein landesweiter Generalstreik im Oktober 1905 zwang den Zaren zum Einlenken. Die Regierung war durch die Niederlage im

Krieg gegen Japan und wachsende Unruhen in den russischen Städten in Bedrängnis geraten. Mit dem Novembermanifest (erlassen am 22. 10./4. 11. 1905) suspendierte der Zar die im Manifest von 1899 verfügten Regelungen bis zur weiteren Entscheidung durch die Gesetzgebungsgremien und machte den Weg frei für eine grundlegende Reform der Volksvertretung in Finnland. Nach dem vom Senat eingebrachten Vorschlag verzehnfachte sich die Zahl der Wahlberechtigten von 126 000 auf 1 273 000. Die erste Wahl nach der Neuregelung 1907, an der sich 70% der Wahlberechtigten beteiligten, erbrachte dem Agrarland Finnland eine sozialdemokratische Mehrheit (80 von 200 Sitzen). Bei den Wahlen 1916 erreichte die finnische Sozialdemokratie, die eine noch stark bäuerlich geprägte Partei war, sogar mit 103 Sitzen die absolute Mehrheit, die sie aber wegen der akuten Kriegssituation noch nicht für einen grundlegenden Politikwechsel ausnutzen konnte. Im Zuge der Landtagsreform formierte sich erstmals auch als neue politische Kraft eine Bauernpartei (seit 1908 «Bauernbund», finn. *maalaisliitto*), zu der sich mehrere regionale bäuerliche Interessengruppen zusammenschlossen. Maßgeblicher Ideengeber war der Schriftsteller und Zeitungsmann Santeri Alkio (Aleksander Filander, 1862 bis 1930). Der Bauernbund ist seither in der finnischen Parteienlandschaft eine feste eigenständige Größe geblieben, die mehrfach Staatspräsidenten und Ministerpräsidenten stellte. 1965 nannte sie sich um in Zentrumspartei (finn. Keskustapuolue) und 1988 in Finnisches Zentrum (finn. Suomen Keskusta).

Die sog. Duma-Periode, die nach der Revolution des Jahres 1905 den Übergang zur parlamentarischen Regierungsweise im autokratischen Russland einleitete, hatte für Finnland keine weiterreichende positive Auswirkung. Die russischen Politiker drängten auf eine Rücknahme der Sonderrechte und auf den Abbau der finnischen «Staatlichkeit». Der Zar kehrte zur Finnlandpolitik der Bobrikov-Ära zurück. Als Vollstrecker bestellte er den «Finnlandfresser» Franz Albert Seyn zum Generalgouverneur (1909–1917). Die Duma bot den russischen Nationalisten eine Bühne für publikumswirksame Auftritte und populistische Forderungen. Mehrheitsbeschlüsse bestätigten den Vorrang der Reichsgesetzgebung (1910) und die Gleichberechtigung aller Reichsangehörigen (1912). Das nach dem Ausbruch des Ersten Weltkrieges verhängte Kriegsrecht und die Verschärfung der Zensur heizten in der finnischen Bevölkerung die antirussischen Ressentiments weiter an. Die rigorose Aufkündigung der bisher geduldeten Eigenständigkeit drängte schließlich das finnische Volk – zusammen mit den anderen Randvölkern des Russischen Reiches – nach der Revolution des Jahres 1917 in die Separation. Schon 1915 war auf Vermittlung des Aktivisten Hermann Gummerus und des in Berlin ansässigen Anwalts Fredrik Wetterhoff mit der deutschen Reichsregierung ein Abkommen über eine geheime militärische Ausbildung finnischer Freiwilliger im Lockstedter Lager bei Hamburg getroffen worden. Aus den etwa 2000 Teilnehmern der Übungen, die als Pfadfinderkurse deklariert wurden, rekrutierte sich schließlich das «Königlich-Preussische Jägerbataillon Nr. 27». Es kam 1916 zeitweise an der deutschen Ostfront in Kurland zum Einsatz. Die «Jägerbewegung» sollte später in der finnischen Innenpolitik und in der Armee der finnischen Republik noch eine wichtige Rolle spielen.

Das Rad der Geschichte ließ sich nach den Jahren der Unterdrückung (finn. *sortovuodet*), die in der finnischen Geschichtsschreibung in eine erste Unterdrückungsperiode (1899–1905) und eine zweite Unterdrückungsperiode (1909–1917) unterteilt werden, beim Sturz des Zarenregimes nicht mehr zurückdrehen. Die finnische Nation kündigte 1917 endgültig die Loyalität auf.

Der Weg zur staatlichen Unabhängigkeit

Das Projekt der staatlichen Unabhängigkeit war nach dem Sturz des Zaren und der bolschewistischen Oktoberrevolution 1917 in greifbare Nähe gerückt. Es war von breiten Gesellschaftsschichten in Finnland mitgetragen worden. Die Federführung bei der Umsetzung lag allerdings nicht mehr bei der bisherigen Mehrheitsfraktion im Landtag. Zwar stellten die Sozialdemokraten zunächst in dem paritätisch besetzten Senat, der sich am 26. März 1917 konstituierte, mit dem Präsidenten des Gewerkschaftsbundes Antti Oskari Tokoi (Antti Oskari Hirvi, 1873–1963) nominell den Regierungschef. Sie verspielten aber ihren Führungsanspruch durch das sog. Machtgesetz, das der Landtag am 18. Juli 1917 mit der sozialdemokratischen Stimmenmehrheit gebilligt hatte. Das Gesetz sollte die Unsicherheit über die Ausübung der obersten Gewalt in Finnland beseitigen. Die Nachfolge des gestürzten Zaren wollte man nicht der Provisorischen Regierung in Russland überlassen und reklamierte die höchste Weisungsbefugnis – außer in der Außenpolitik und in Militärangelegenheiten – für die finnische Regierung. Die Provisorische Regierung, die mit der Suspendierung der antifinnischen Gesetze Kompromissbereitschaft signalisiert hatte, reagierte prompt. Sie löste den Landtag auf und schrieb Neuwahlen aus. Der Wahlgang brachte bei einer höheren Wahlbeteiligung als 1916 den bürgerlichen Parteien einen leichten Stimmenvorteil und 108 Sitze gegenüber 92 Sitzen der Sozialdemokraten. Das Ergebnis der Stimmenauszählung ist von den Linken mit Empörung zur Kenntnis genommen und als Wahlmanipulation gebrandmarkt worden.

Inmitten einer fortschreitenden Radikalisierung der Gesellschaft sowohl in Russland wie in Finnland, ausgelöst durch Massenstreiks und gewalttätige bewaffnete Auseinandersetzungen der verfeindeten Lager, sah sich der finnische Landtag zu Maßnahmen genötigt, die eine schleichende Verselbstständigung Finnlands herbeiführten. Die Anwesenheit russischer Truppenverbände verschärfte nach der

Machtübernahme der Bolschewiki in Petrograd am 25.10./7.11. 1917 (Oktoberrevolution) die labile Lage. Dem russischen Beispiel folgend, gründeten Vertreter der Sozialdemokraten und der Gewerkschaften einen revolutionären Zentralrat und riefen einen Generalstreik aus. Angesichts dieser dramatischen Entwicklungen beschloss der finnische Landtag am 15.11.1917 mit großer Mehrheit und unter Beteiligung sozialdemokratischer Abgeordneter, vorläufig die oberste Gewalt im Lande ohne Einschränkungen zu übernehmen. Am 26.11.1917 bestätigte er eine bürgerliche Alleinregierung unter P.E. Svinhufvud. Am 4.12.1917 legte er den Entwurf einer Proklamation für eine unabhängige Republik Finnland vor. Ein sozialdemokratischer Gegenentwurf sah weiterhin einvernehmliche Verhandlungen mit Russland vor. Die Regierungsvorlage fand am 6.12.1917 mit 100 gegen 88 Stimmen die Mehrheit. Seither wird dieser Tag in Finnland als Selbstständigkeitstag gefeiert.

Die diplomatische Anerkennung der einseitigen Unabhängigkeitserklärung war für die bürgerliche finnische Regierung ein mühsames Geschäft. Der erste naheliegende Schritt, zu dem auch Deutschland, Schweden und die Westmächte rieten, erforderte es, die Zustimmung der amtierenden russischen Regierung einzuholen. Der mühsame Weg zu einem pragmatischen Ausgleich entwickelte sich für beide Seiten zu einem Balanceakt zwischen der Prinzipientreue zu den politischen Überzeugungen und den Zwängen der Realpolitik. Die Führung der Bolschewiki musste es hinnehmen, dass die Ausübung des Selbstbestimmungsrechtes auch dem Klasseninteresse zuwiderlaufen konnte und den Verlust einzelner Randgebiete des russischen Vielvölkerreiches einschloss; und den Finnen wurde bei den offiziellen Verhandlungen in Petrograd die formelle Anerkennung der russischen Revolutionsregierung zugemutet. Die bürgerliche Regierung gab erst nach längerem Zaudern und vergeblichen diplomatischen Winkelzügen dem deutschen Druck nach. Svinhufvud reiste schließlich am 30.12.1917 als Delegationsleiter nach Petrograd und erhielt am folgenden Tag vom Rat der Volkskommissare die gewünschte Zusage. Sie wurde am 4.1. 1918 vom Zentralexekutivkomitee der Arbeiter- und Soldatenräte bestätigt. Die Unterschrift unter dem Dokument leisteten auf russischer Seite u.a. Lenin, Leo Trotzki, J. Stalin und V. Bonč-Bruevič.

Nur wenige Tage später erkannten die deutsche Reichsregierung (am 4.1.1918) und Frankreich (am 5.1.1918) die Unabhängigkeit Finnlands an.

Nach der Einigung in Petrograd war noch keine Ruhe in den beiderseitigen Beziehungen eingekehrt. Strittige Detailregelungen bei der Durchführung des Trennungsbeschlusses sollten in gemischten Kommissionen ausgehandelt werden. Die Lösung der offenen Grenzfragen barg noch erheblichen Konfliktstoff. Beide Seiten beurteilten sehr unterschiedlich die Störungen der öffentlichen Ordnung und die Gewaltausbrüche auf den Straßen. Die Bolschewiki träumten von der beginnenden Weltrevolution und sahen in den aktuellen Massenunruhen einen günstigen Nährboden für die Machtübernahme durch das bewaffnete Proletariat. Die Roten Garden hatten sich, anknüpfend an Erfahrungen aus dem Revolutionsjahr von 1905, nach russischem Vorbild im Laufe des Jahres 1917 als militärischer Arm der radikalisierten Arbeiterschaft auch in den finnischen Städten neu formiert. Auf der Gegenseite im bürgerlichen Regierungslager sollten Schutzkorps und eilends aufgestellte Bürgerwehren dem erwarteten roten Terror Einhalt gebieten. Großfinnische Visionen nährten weitere Begehrlichkeiten auf Gebietsarrondierungen in Ostfinnland. Die Straßenkämpfe zwischen den verfeindeten Lagern bescherten den Finnen im Frühjahr 1918 die traumatischen Erfahrungen eines mehrmonatigen erbitterten Bürgerkrieges, der Familien entzweite und dem ganzen Land einen hohen Blutzoll abverlangte.

Die Frontbildungen beschleunigte der Mehrheitsbeschluss des Parlaments vom 12 1.1918, den bisherigen Generalleutnant der russischen Armee Freiherr Carl Gustaf Emil Mannerheim (1867 bis 1951) mit dem Aufbau einer regierungstreuen Streitmacht zu beauftragen. In die Truppenverbände, die Mannerheim von Vaasa aus zusammenzustellen begann, wurden als tragende Säule die Schutzkorps integriert. Unterstützung konnte aus Schweden und – gegen den Willen Mannerheims – auch aus Deutschland erwartet werden. Im Gegenzug suchten die Führer der Roten Garden Rückhalt bei den Arbeitern in den südfinnischen Fabriken und bei den Bolschewiki. Am 27.1.1918 entschlossen sie sich zum bewaffneten Aufstand und übernahmen innerhalb kurzer Zeit die Befehlsgewalt in den südfinnischen Städten. Selbst reformistisch orientierte Anhänger der sozialdemokratischen Partei verdrängten ihre Vorbehalte gegen eine Revolution und schlossen sich den radikalen Aktivisten an. In Helsinki etablierte sich eine Revolutionsregierung, der Rat der Volksbeauftragten (finn. *kansanvaltuuskunta*), unter dem Führer der Roten Garden, Kullervo Manner (1880–1939), als neue Macht- und Steuerungszentrale der revolutionären Kräfte. Den Mitgliedern der bisherigen Regierung war rechtzeitig die Flucht geglückt. Einige Senatoren fanden sich in Ostbottnien zusammen und bildeten von Vaasa aus eine bürgerliche Gegenregierung. Finnland war zwischen Januar und Mai 1918 zweigeteilt in einen roten Süden und einen bürgerlichen Norden entlang einer Demarkationslinie, die vom Bottnischen Meerbusen nördlich von Pori bis an den Ladogasee im Osten verlief.

Die weißen Verbände waren zwar zahlenmäßig dem roten Aufgebot unterlegen, erreichten aber dank ihrer besseren Disziplin und ihrer militärischen Ausbildung einen effektiveren Einsatz der verfügbaren Waffen. Einen nicht unwichtigen Anteil an ihrer Schlagkraft hatten auch die aus Deutschland zurückgekehrten «Jäger». Zudem leisteten deutsche Hilfstruppen unter dem Kommando von Rüdiger Graf von der Goltz (1865–1946) in der Endphase der Kämpfe Waffenhilfe. Die deutsche Reichsregierung hatte trotz Bedenken wegen der gleichzeitigen Verhandlungen mit der Sowjetregierung in Brest-Litovsk diese Ostseedivision in einer Mannschaftsstärke von 10000 zur Intervention in Finnland bereitgestellt. Das Hilfskorps landete am 5.3.1918 auf Åland und setzte am 3.4.1918 nach Hanko über. Am 7.4.1918 traf Oberst Otto von Brandenstein von Tallinn aus mit einem zusätzlichen kleineren Verband in Loviisa ein und stieß weiter nach Lahti vor. Nach dem entscheidenden Durchbruch Mannerheims in der heftig umkämpften Industriestadt Tampere am 6.4.1918 zogen am 13.4.1918 die deutschen Truppen in Helsinki ein. Wiborg kapitulierte am 29.4.1918. Am 16. Mai 1918 marschierten Mannerheims Truppen zur Siegesparade in Helsinki auf. Der Tag wird seither in Finnland als Befreiungstag gefeiert. Nicht wenige aus den Reihen der Roten Garden flüchteten über die Grenze nach Russland. Am 25.8.1918 trafen sie sich in Moskau zum Gründungskongress der Kommunistischen Partei Finnlands (SKP). Die Partei wurde von Otto Ville Kuusinen (1881–1964) auf die Prinzipien des Leninismus eingeschworen.

Kuusinen nahm von 1921 bis 1939 als Sekretär des Exekutivkomitees eine wichtige Führungsposition innerhalb der Kommunistischen Internationale ein.

Die kriegerischen Auseinandersetzungen in Finnland hinterließen 1918 ein tief gespaltenes Land. Die Opferbilanz war erschreckend. Beide Seiten hatten je über 3000 Gefallene zu beklagen. Noch tiefere Wunden schlugen die Racheaktionen und Massenhinrichtungen des roten und des weißen Terrors. Sie sind erst langsam verheilt. Landesweites Aufsehen erregte auch das Strafgericht der Sieger an den 80 000 Gefangenen, die unter teilweise menschenunwürdigen Bedingungen in Lagern festgehalten wurden und sich in förmlichen Strafverfahren wegen Hochverrat angeklagt und verurteilt sahen. In 555 Fällen wurden Todesurteile verhängt, davon 265 vollstreckt.

Der Ausschluss der linken Revolutionäre und ihrer Sympathisanten aus dem öffentlichen Leben überschattete den Neubeginn des zivilen Aufbaus. Die Staatsidee der entstehenden finnischen Republik entstand unter dem Vorzeichen einer scharfen Ablehnung der roten Revolution und der kommunistischen Ideologie. Die monarchistischen Restaurationsversuche, die nach dem Wunschdenken Svinhufvuds einen deutschen König, den Prinzen Friedrich Karl von Hessen, auf den finnischen Thron bringen sollten, waren sehr schnell gescheitert. Der Zusammenbruch des deutschen Kaiserreiches entzog ihnen die Grundlage. Am 16.12.1918 verließen die letzten deutschen Truppen Finnland. Die Regierung hatte es unter diesen Voraussetzungen nicht leicht, bei den Siegermächten des Ersten Weltkrieges das notwendige Vertrauen zu finden. In der Übergangsphase übernahm als Nachfolger Svinhufvuds der monarchisch gesinnte Mannerheim vom 12.12.1918 bis 25.7.1919 das Amt des Reichsverwesers. Er galt wegen seiner deutschlandkritischen Einstellung als der geeignete Vermittler für die nunmehr angesagte Hinwendung zu den Ententemächten. Bei den Präsidentschaftswahlen im Juli 1919 musste er aber Kaarlo Juho Ståhlberg den Vortritt lassen. Ståhlberg gilt als der Vater der republikanischen Verfassung Finnlands, die am 21.6.1919 vom Parlament mit 165 Ja-Stimmen und 22 Gegenstimmen angenommen und am 17.7.1919 von Mannerheim bestätigt wurde. Als Zugeständnis gegenüber den Monarchisten räumte sie dem Präsidenten nach französischem Vorbild außerordentliche Vollmachten ein. Diese sind erst mit der neuen Verfassung vom 1.3.2000 eingeschränkt worden.

Die Diskussion um die Verfassungsfrage beschleunigte die Neuformierung der finnischen Parteienlandschaft. Es bildeten sich jene hauptsächlichen Parteigruppierungen heraus, die sich in der Folgezeit auch unter wechselnden Namen als beständiges Grundmuster der politischen Meinungsbildung in Finnland erweisen sollten. Neben der Vertreterin der schwedischsprachigen Minderheit, der Schwedischen Volkspartei (Svenska Folkepartiet i Finnland, SFP), und dem Bauernbund (Landvolkbund-Maalaisliitto) als Interessenvertretung der ländlichen, kleinbäuerlichen Bevölkerung etablierten sich die Richtungsparteien der Konservativen, der Liberalen und der Arbeiterpartei. Als konservative Rechtspartei konstituierte sich 1918 die Nationale Sammlungspartei (Kansallinen Kokoomus, KOK), der die späteren Staatspräsidenten J. K. Paasikivi und U. Kekkonen angehörten. Die bürgerlichen Politiker der republikanischen jungfinnischen Richtung, die sich den liberalen und konstitutionellen Ideen Mechelins verpflichtet fühlten, fanden sich 1918 in der Nationalen Fortschrittspartei (Kansallinen Edistuspuolue) zusammen. Trotz ihres bescheideneren Stimmenanteils stellte sie den ersten Präsidenten der Republik, Ståhlberg, und war an den Regierungsbildungen in den frühen 20er-Jahren beteiligt. Die Sozialdemokraten waren durch den bewaffneten Aufstand diskreditiert. Ihr Handlungsspielraum blieb zunächst erheblich eingeengt. Wohl fiel jetzt wieder den gemäßigten, reformorientierten und auf Ausgleich bedachten Parteifunktionären unter dem ehemaligen Mitglied der Tokoi-Regierung Väinö Tanner die Führungsverantwortung zu, doch die Abspaltung der Kommunisten hatte auf dem linken Flügel noch keine endgültige Klärung der Fronten gebracht. Die linksoppositionellen Gruppierungen, die der Gewerkschaftsbewegung nahestanden, ließen sich nur schwer in ein revisionistisches Programm einbinden. Sie gründeten am 13.5.1920 eine eigene Sozialistische Arbeiterpartei Finnlands (Suomen Sosialistinen Työväenpuolue/SSTP). Die von O. Kuusinen geführte Tarnorganisation kooperierte bis zur Verhaftung des Führungspersonals 1923 weiterhin eng mit den Kommunisten im sowjetischen Exil.

Das fragmentierte Parteiensystem, das sich in der finnischen Parteienlandschaft nach 1918 etabliert hatte, verhinderte dauerhaft die

Majorisierung durch eine dominierende politische Kraft und förderte eine konsensorientierte Politik. Die ausgewogene Verteilung der Stimmenanteile zwang zu Kompromissen zwischen den Lagern und machte Koalitionsregierungen notwendig. Sie begünstigte andererseits aber auch einen häufigen Regierungswechsel. Ungeachtet der ungelösten internen Spannungen gewannen die Sozialdemokraten bei den Wahlen von 1919 mit 38% wiederum die meisten Stimmen und 80 Mandate. Bei den wechselnden Regierungsbildungen blieben sie zunächst als Partner ausgeschlossen. Tanner gehörte immerhin der Delegation an, die 1920 in Dorpat den Friedens- und Grenzvertrag mit der Sowjetregierung aushandelte. 1926/27 konnte er erstmals mit einem Minderheitskabinett aus sozialdemokratischen Ministern die Abfolge der bürgerlichen Koalitionen unterbrechen und sich 13 Monate in der Regierungsverantwortung behaupten. Der direkte Zugang zu einer dauerhafteren Beteiligung an Regierungskoalitionen öffnete sich für die finnischen Sozialdemokraten erst ein Jahrzehnt später 1937 in der folgenreichen Koalition mit der Bauernpartei, die als sog. Rote-Erde-Koalition (*punamulta*) in die Geschichte einging.

Die offenen Grenzfragen zwischen der finnischen Republik und dem Sowjetimperium hatten nochmals Emotionen in den bürgerlichen Kreisen geschürt. Sie weckten Hoffnungen bei jenen Politikern, die großfinnischen Visionen anhingen und von der Heimholung der finnischen Stammesverwandten jenseits der Ostgrenze träumten. Finnische Armeekreise versuchten vergeblich, die einheimische Bevölkerung in Ostkarelien zum Widerstand gegen das noch nicht gefestigte Sowjetregime zu ermuntern. Die unkoordinierten Operationen einzelner Kampfverbände in den «Stammeskriegen» (finn. *heimosodat*) in Weißmeerkarelien, die sich über mehrere Jahre (1918–1920/22) hinzogen, mussten nach anfänglichen Erfolgen ergebnislos abgebrochen werden. Am 14. Oktober 1920 wurde in Dorpat der Friedensvertrag unterzeichnet. Er bestätigte die Russische Sozialistische Föderative Sowjetrepublik (RSFSR) im Besitz Ostkareliens, sicherte aber Finnland mit dem Petsamogebiet im hohen Norden einen unmittelbaren Zugang zum Eismeer. Finnland stimmte im Gegenzug zu, die besetzten Gebiete von Repola und Porajärvi zu räumen und die Inseln im Finnischen Meerbusen und die ganze Ostsee zu neutralisieren. Entgegen dem

Rat Paasikivis, der die Verhandlungsdelegation in Dorpat leitete, hatte die finnische Regierung territoriale Maximalforderungen erhoben und das Sowjetregime zu Zugeständnissen gedrängt, die dem Sicherheitsbedürfnis der Bewohner Petrograds (seit 1924 Leningrads) auf Dauer nicht gerecht wurden. Der Wunsch nach sicheren Grenzen hat in der Zwischenkriegszeit die Diplomaten beider Länder weiter beschäftigt und die außenpolitischen Prioritäten vorgegeben. Die sowjetische Seite ermunterte die offene Flanke im Westen zu einer Randstaatenpolitik, die den kleinen Völkern im Vorfeld weitreichende Sicherheitsgarantien abverlangte und deren Bewegungsfreiheit erheblich einschränkte.

In der Ostkarelienfrage hatte die Sowjetregierung noch vor dem Abschluss der Verhandlungen vollendete Tatsachen geschaffen. Als Ergebnis des von der einheimischen Bevölkerung ausgeübten Selbstbestimmungsrechtes wurde am 8.6.1920 unter der Führung Edvard Gyllings die Karelische Arbeiterkommune (russ. Karel'skaja trudovaja kommuna, finn. Karjalan työnkansan kommuuni) begründet, die nach der Bildung der Sowjetunion (UdSSR) als Autonome Sozialistische Sowjetrepublik (ASSR) innerhalb der RSFSR verblieb. Nach dem sowjetisch-finnischen Winterkrieg ist die Karelische ASSR zeitweise – von 1940 bis 1956 – zu einer eigenen karelo-finnischen Sowjetrepublik höhergestuft worden.

Die Karelier stellten dabei mit einem knappen Drittel der Staatsbürger nur eine Minderheit. Nach einem letzten gescheiterten Aufstandsversuch Ende 1921, zu dessen Unterstützung bewaffnete Freiwillige aus Finnland herbeigeeilt waren, flüchteten ca. 10 000 Karelier über die Grenze nach Finnland. In umgekehrter Richtung haben sich nicht wenige Finnen, die an die Zukunftsvisionen der Bolschewiken glaubten, nach Sowjetkarelien begeben, um am Aufbau einer klassenlosen Gesellschaft mitzuwirken. Unter ihnen befanden sich auch Parteianhänger aus den amerikanischen Auswanderungsgebieten. Sie hatten erhebliche Schwierigkeiten, sich mit den Verhältnissen vor Ort abzufinden. Nicht wenige von ihnen fielen schon bald als subversive Elemente den Parteisäuberungen zum Opfer und verschwanden in den sowjetischen Arbeitslagern. In Finnland selbst förderte die Frustration über die gescheiterten Befreiungsversuche unter der studentischen Jugend einen aufgeheizten Nationalismus und einen auffälligen Russenhass (finn.

ryssänviha). Beide Strömungen fanden in der «Akademischen Karelien-Gesellschaft» (Akateeminen Karjala-Seura/AKS), die am 22. Februar 1922 in Helsinki als Kameradschaftsverein von Rückkehrern aus Ostkarelien gegründet worden war, einen starken Rückhalt und ein Sprachrohr.

Das Selbstbestimmungsrecht, das die Finnen gegenüber der Sowjetregierung für ihre Stammesbrüder im Osten einforderten, brachte ihnen Unannehmlichkeiten im eigenen Hause. Die Bewohner Ålands, die seit 1809 ebenfalls zum Großfürstentum Finnland gehörten, hatten sich mit einer Petition an die schwedische Regierung gewandt und unmissverständlich ihre Absicht bekundet, zum schwedischen Mutterland zurückkehren zu wollen. Der Vorschlag Schwedens, das Volk selbst über das weitere Schicksal der Inseln entscheiden zu lassen, stieß in Finnland auf strikte Ablehnung. Mit einem am 6.5.1920 erlassenen Autonomiegesetz hoffte man den Wünschen der Bevölkerung entgegenzukommen und die Lage zu beruhigen. In den klassischen Konfliktfall schaltete sich auf britische Initiative hin der neu gegründete Völkerbund ein. In seiner denkwürdigen Entscheidung vom Sommer 1921 bestätigte er den finnischen Rechtsstandpunkt. Ein Garantiegesetz (finn. *takuulaki*) vom 11.8.1922 regelte die Autonomie für Åland. Die nach heutigem Stand 26700 Bewohner genießen seither in der rein schwedischsprachigen Enklave innerhalb Finnlands weitgehende Sonderrechte mit einer eigenen Provinzregierung und einem eigenen Landtag, einem exklusiven Recht auf Immobilienbesitz, eigener Nationalfahne (gelbrotes Kreuz auf blauem Grund, seit 1954), eigener Postverwaltung und Briefmarken (seit 1984), eigener Polizei, eigener Mitgliedschaft im Nordischen Rat und einer eigenen Fluglinie (Air Åland). Die seit dem Ende des Krimkrieges 1856 entmilitarisierten Ålandinseln sind von der finnischen Wehrpflicht ausgenommen und im finnischen Parlament nur durch einen gewählten Abgeordneten vertreten.

Orientierungsversuche in der Außen- und Innenpolitik

Für die Finnen, die sich am Ausgang des Ersten Weltkrieges in einer gefährlichen Zwischenlage zwischen verfeindeten Machtblöcken einzurichten hatten, war die Wahl des richtigen Bündnispartners eine Existenzfrage. Die Hinwendung zum kaiserlichen Deutschland hatte nach dem Sturz Wilhelms II. in eine Sackgasse geführt. Der 1919 angetretene finnische Außenminister Rudolf Holsti (1881–1945) favorisierte einen engeren Zusammenschluss der in der ostmitteleuropäischen Zwischenzone entstandenen Kleinstaaten zu einer Baltischen Entente. Die notwendige Verständigung auf eine abgestimmte gemeinsame Sicherheitspolitik scheiterte aber letztlich nicht nur an den nationalen Sonderinteressen und den noch ungelösten polnisch-litauischen Grenzstreitigkeiten (Wilna-Frage). Auch die finnische Regierung und das Parlament fürchteten unkalkulierbare Risiken. Sie versagten daher dem Vertrag über eine gemeinsame Randstaatenpolitik, den Holsti auf der Warschauer Konferenz (13.–17. 3. 1922) unterzeichnet hatte und der eine gegenseitige Waffenhilfe vorsah, ihre Zustimmung. Finnland bevorzugte in den folgenden Jahren eine Politik der Bündnisfreiheit. Seine Sicherheitsinteressen sah es vornehmlich unter dem Schutz des Völkerbundes gewahrt.

Der Aufstieg des Nationalsozialismus in Deutschland und der wachsende Druck, den Stalin zur Vorfeldsicherung der Sowjetunion auf die Randstaaten ausübte, ließen in Finnland das Vertrauen in das immer brüchiger werdende System der kollektiven Sicherheit schwinden. Zwar verschloss man sich nicht mehr länger dem Drängen der Sowjetunion und übernahm am 21. 1. 1932 mit dem Abschluss eines bilateralen Nichtangriffs- und Neutralitätspakts eine Vorreiterrolle unter den Randstaaten, doch eine größere Priorität räumte man der engeren Anlehnung an die skandinavischen Nachbarn ein. Schon 1931 war Finnland dem 1930 in Oslo vereinbarten Vertrag zwischen Norwegen, Dänemark, Schweden, Belgien und Luxemburg beigetreten, der eine engere wirtschaftliche Kooperation vorsah. Seit 1934 beteiligte sich Finnland regelmäßig an den Ministerkonferenzen der nordischen Staaten. In einer aufsehenerregenden Grundsatzrede vor dem Parlament am 5.12.1935 hob der von 1932 bis 1936 amtierende Ministerpräsident Toivo Mikael Kivimäki die engen historischen, kulturellen und wirtschaftlichen Verbindungen zu den skandinavischen Staaten hervor und erneuerte Finnlands Bekenntnis zur gemeinsamen nordischen Friedens- und Neutralitätspolitik. Ihre Prinzipien wurden am 27.5.1938 in der Stockholmer Neutralitätserklärung angesichts des sich abzeichnenden Konfliktes zwischen Deutschland und der Sowjetunion bekräftigt. In Übereinstimmung mit den Regierungen in Dänemark, Norwegen und Schweden lehnte Finnland daher im April 1939 das Angebot Hitlers ab, einen Nichtangriffspakt mit Deutschland abzuschließen. Ebenso hartnäckig versagte man sich aber auch den wiederholten inoffiziellen Ersuchen der Sowjetregierung in den Jahren 1938 und 1939, dem russischen Sicherheitsbedürfnis in angemessener Weise Rechnung zu tragen und gemeinsame Abwehrstrategien gegen den Expansionsdrang Hitler-Deutschlands nach Osteuropa zu erörtern. Die skandinavische Orientierung Finnlands hatte ein unaufhebbares grundsätzliches Defizit: die mangelnde Sicherheitsgarantie für die finnische Ostgrenze. Gerade konservative Russlandkenner wie Mannerheim und Paasikivi sprachen sich daher vergeblich für vertrauensbildende Maßnahmen und für ein größeres Entgegenkommen auch gegenüber territorialen Wünschen Moskaus aus. Der überraschend am 23.8.1939 in Moskau abgeschlossene deutsch-sowjetische Nichtangriffspakt (Molotov-Ribbentrop-Pakt bzw. Hitler-Stalin-Pakt) schuf eine völlig veränderte Sachlage. Das damals noch geheime Zusatzprotokoll beließ Finnland bei einer anstehenden territorialen Neuordnung in der sowjetischen Einflusssphäre. Zur Wahrung der staatlichen Unabhängigkeit war in dieser bedrohlichen Konstellation ein kriegerischer Konflikt mit Stalin nahezu unvermeidlich geworden.

Dass die finnische Bevölkerung ihrer politischen Führung in einer beispiellosen Geschlossenheit bei der Bewältigung dieser Krisenjahre – während des Winterkrieges (1939–1940) und des sog. Fortsetzungskrieges (1941–1944) – zur Seite stand, war nicht zuletzt der Versöhnungsarbeit in den beiden vorausgehenden Jahrzehnten zu verdanken. Sie hatte mitgeholfen, die Gräben, die der Bürgerkrieg aufgerissen hatte, wieder einzuebnen. Sie hatte die erneut aufbrechenden Konflikte in der Landbesitz- und in der Sprachenfrage entschärft und die im Parlament vertretenen Parteien im Interesse des Landes zur gemeinsamen Arbeit zusammengeführt. Von einem breiten nationalen Konsens getragen war auch die Parlamentsentscheidung, den extremen rechten (Lapua-Bewegung) und linken (Kommunisten) Kräften die legale politische Betätigung zu verwehren.

Aus der Autonomiezeit hatte die finnische Republik die ungelösten sozialen Probleme der landlosen und landarmen Landbevölkerung geerbt. Deren Anteil war während des 19. Jahrhunderts erheblich angestiegen. Nach Schätzungen gab es 1875 insgesamt 478 300 in der Landwirtschaft beschäftigte männliche Arbeitskräfte. Davon bewirtschafteten 97 500 (d. i. 20,4 %) einen ganzen Bauernhof, 58 900 (12,3 %) waren Kleinpächter, die neben ihrem kleinen Eigenanteil an Ackerland als Helfer auf dem herrschaftlichen Bauernhof arbeiteten. Mehr als die Hälfte, d. i. 240 200 (50,2 %), verdingten sich als Landarbeiter und 81 700 (17,1 %) als gelegentliche Handlanger. Aus verständlichen Gründen setzten daher die landhungrigen Pächter und Landarbeiter auf ein staatliches Bodenreformprogramm, das die Zuteilung von Ackerland regeln sollte. Ihre hohen Erwartungen sicherten der Bauernpartei, die die Interessenvertretung der Kleinbauern wahrnahm, einen starken Zulauf.

Schon vor der staatlichen Unabhängigkeit hatte die Regierung in die teilweise ausbeuterischen Pachtverhältnisse durch regulierende Maßnahmen eingegriffen. 1909 wurden zeitliche Begrenzungen der Vertragsdauer verfügt. Das nach dem Ende des Bürgerkrieges tagende Rumpfparlament sprach am 17. 7. 1918 ohne Beteiligung der Sozialdemokraten mit 104 zu 2 Stimmen den Pächtern das Recht zu, das von ihnen bearbeitete Land den Privateigentümern abzukaufen. Die Vorfinanzierung der Entschädigungszahlungen nach dem Preisniveau von 1914 übernahm der Staat. Von der neuen Rechtslage machten in der Folgezeit 46 645 Pächter und 45 580 Häusler Gebrauch. Insgesamt wechselten 910 000 Hektar Land den Eigentümer. Nicht zum Kreis der Kaufberechtigten zählte die große Gruppe der Landarbeiter ohne Pachtland, die immer noch die Mehrheit der ländlichen Bevölkerung stellten. Einen weiteren Anstoß zur Erleichterung von Landkäufen und zur Schaffung neuer Bauernstellen gab der ehemalige Agrarminister Kyösti Kallio vom Bauernbund während seiner Amtszeit als Ministerpräsident (1922–1924). Das von ihm vorgelegte Ansiedlungsgesetz (Lex Kallio 1922 und ergänzend Lex Pulkkinen 1922/24) sah zur Landbeschaffung auch Zwangsenteignungen von Großbesitzern vor. Eine Folge dieser bauernfreundlichen Agrarpolitik der Regierung waren der Zuwachs an kleinbäuerlichen Höfen und die Ausweitung des Ackerlandes um etwa 30% (d. i. 600 000 ha) zwischen 1920 und 1940.

Ebenfalls ein Erbe der Autonomiezeit war der fortdauernde Sprachenstreit zwischen Fennomanen und Svekomanen. Die neue Verfassung 1919 hatte beide Sprachen, das Finnische und das Schwedische, zu gleichberechtigten nationalen Sprachen der finnischen Republik erklärt. Streitpunkte ergaben sich weiterhin bei der Ausweisung ein- bzw. bilingualer Sprachgebiete und im Kampf um die Unterrichtssprache an den Universitäten. Im Umfeld der Akademischen Karelien-Gesellschaft formierte sich eine Bewegung des sog. Echtfinnentums (finn. *Aitosuomalaisuus*), deren Anhänger energisch eine Ablösung der bisherigen schwedischen Bildungssprache forderten und eine Fennisierung der Bildungseinrichtungen anstrebten. Eine radikalisierte finnische Studentenschaft ließ sich leicht für Kampagnen mobilisieren. Sie trug einen entfesselten Nationalismus in die Hörsäle der Universitäten. Während der Hochphase der sog. Lapua-Bewegung 1929–1932 hatte der antikommunistische Grundkonsens auf breiterer gesellschaftlicher Grundlage zunächst die Sprachenfrage überlagert, doch zwischen 1932 und 1935 lebte der alte Sprachenstreit vorübergehend wieder auf. Heftige außerparlamentarische Agitationen begleiteten die langwierige Suche nach einem inneruniversitären Interessenausgleich. Seine Grundzüge spiegeln sich im neuen Universitätsgesetz von 1937 wider. Das Finnische wurde Amtssprache der Universität Helsinki. In der Zuordnung der jeweiligen Professorenstellen und Studiengänge einigte man sich auf einen Kompromiss.

Vergleichbarer Kraftanstrengungen bedurfte es, um die Abgrenzung gegenüber den extremen rechten Gruppierungen mit parlamentarischen Mitteln durchzusetzen. Der Rechtsradikalismus, der parallel zum Aufstieg des italienischen Faschismus und des deutschen Nationalsozialismus an Boden gewann, war im Finnland der Zwischenkriegszeit kein deutsches Exportprodukt. Er hatte durchaus eigene Wurzeln in der passiven Widerstandsbewegung gegen die Russifizierungspolitik des Zarenreiches und im Abwehrkampf gegen die revolutionäre Gewalt der Roten Garden. Die Nachfahren der einstigen Freiheitskämpfer sahen Ende der 20er-Jahre die hart erkämpften Freiheitsrechte erneut durch kommunistische Umtriebe bedroht. Die Verfechter rechtsradikaler Parolen entstammten der Generation der sogenannten Aktivisten der Jahrhundertwende. Sympathisanten fanden sie in den 20er-Jahren im geistigen Umfeld der Jägerbewegung. Der kämpferische Antibolschewismus wurde innerhalb der Schutzkorps als verpflichtendes Erbe gepflegt und an die heranwachsende Generation weitergegeben. Er verband sich mit dem latenten Misstrauen gegenüber einem politischen System, das sich an die formalen Verfahrensregeln eines Rechtsstaates hielt und den als notwendig erachteten gewaltsamen Selbsthilfeaktionen gegen kommunistische Umtriebe Einhalt gebot. Eine weitere Wurzel antidemokratischer und antiparlamentarischer Gesinnung fand sich in der stark pietistisch geprägten Bauernschaft der südostbottnischen Landschaft, deren Ortsgeistlichkeit einen religiös verbrämten Patriotismus und einen unversöhnlichen Antikommunismus predigte.

Nicht zufällig hatte daher auch die ernsthafteste Bedrohung des parlamentarischen Systems während der Zwischenkriegszeit, die sogenannte Lapua-Bewegung, in diesem lokalen Umfeld ihre gesellschaftliche Basis. Sie leitet ihren Namen von der ostbottnischen Siedlung Lapua (schwed. Lappo) her. Die Vordenker und Träger dieser zeitweiligen antikommunistischen Massenbewegung waren allerdings nicht die verarmten Kleinbauern, die am meisten unter den Auswirkungen der Weltwirtschaftskrise zu leiden hatten, sondern wohlsituierte Landwirte und Lehrer. Anhänger und Mitläufer fanden sich sowohl in den gehobenen bürgerlichen Kreisen wie innerhalb der Staatskirche, deren Geistliche sich aktiv in die öffentliche Diskussion einschalteten und Führungsaufgaben innerhalb der Lapua-Bewegung übernahmen. Die Unruhe unter den Bauern wurde geschürt durch kommunistische Agitationen, die über Tarnorganisationen und gewerkschaftliche Streikkomitees gesteuert wurden. Äußerer Anlass des gewalttätigen Massenprotestes war eine Feier, die der kommunistische Jugendverband Ende November im Gewerkschaftshaus in Lapua veranstaltete. Die Protestbewegung weitete sich in den Jahren 1929 bis 1932 zu einer ernsthaften Bedrohung des politischen Systems aus. Im Frühjahr 1930 wurde die Kampforganisation Suomen Lukko gegründet, deren Mitglieder sich aus den Reihen der Rechtsparteien und des Bauernbundes rekrutierten. Die Regierung geriet immer mehr unter den Druck der Straße. Zu einer landesweit beachteten Machtdemonstration der außerparlamentarischen Kräfte wurde der große Bauernzug nach Helsinki vom 7. 7. 1930, an dem sich 12 000 Demonstranten beteiligten. Ihr Anführer Vihtori Kosola (1884–1936) wurde inmitten der Hauptstadt am Senatsplatz auf den Stufen der Domkirche von den Spitzen des Staates, von Staatspräsident Relander und Ministerpräsident Svinhufvud, mit Handschlag empfangen. General C. G. E. Mannerheim trug mit seiner Anwesenheit dazu bei, die Erinnerung an das Jahr 1918 und an den Abwehrkampf gegen die Roten Garden wiederaufleben zu lassen. Die Folgen für das innenpolitische Klima waren verheerend. Die Gefolgsleute der Lapua-Bewegung sahen sich zur aktiven Selbsthilfe ermuntert. Sie schürten in einer immer hemmungsloseren Agitation den Hass gegen alle «linken» Abweichler und forderten Notverordnungen zum Schutz des Vaterlandes. Die von der Regierung Kallio beantragten Ausnahmegesetze fanden allerdings im Parlament nicht die erforderliche verfassungsändernde Mehrheit. Neuwahlen wurden zum 1. und 2. Oktober 1930 ausgeschrieben. In der Zwischenzeit regierte das Faustrecht. Eine Welle des politischen Terrors überzog das Land. Man veranstaltete regelrechte Hetzjagden auf Kommunisten, verschleppte missliebige Personen an die Landesgrenze und zwang sie zum Übertritt auf sowjetisches Territorium. Unter dem Eindruck der krisenhaften Entwicklungen beschloss das Parlament Ende Oktober ein Bündel gesetzgeberischer Maßnahmen zum Schutz der Republik (*Tasavallan Suojelulaki*, «Kommunistengesetze»). Sie räumten dem Präsidenten weitreichende Sondervollmachten zur Bekämpfung der linken Gefahr ein.

Den Höhepunkt und zugleich das Ende der von den Initiatoren der Lapuabewegung provozierten Verstöße gegen die geltende Rechtsordnung markierte die spektakuläre Entführung des früheren

Staatspräsidenten K. J. Ståhlberg und seiner Ehefrau von Helsinki nach Joensuu am 14. Oktober 1930. Die Untersuchung des skandalösen Vorganges erbrachte eine für die Staatsführung peinliche Entdeckung. An der Planung waren Generalmajor Kurt M. Wallenius, der Chef des Generalstabs, und hochrangige Offiziere beteiligt gewesen. Die öffentliche Entrüstung über diesen Gewaltakt gegen das ehemalige Staatsoberhaupt stellte die Handlanger ins politische Abseits und zwang die Regierung zu einer klaren Stellungnahme. Anfang März 1932 wurden in Mäntsälä Angehörige der Schutzkorps, die eine sozialdemokratische Veranstaltung im Arbeiterhaus von Ohkola gesprengt hatten und den bewaffneten Aufstand gegen die Regierung probten, unter Androhung militärischer Gewalt am Weitermarsch nach Helsinki gehindert. Staatspräsident Svinhufvud verurteilte in seiner Rundfunkrede vom 2. März 1932 mit scharfen Worten den Putschversuch und beendete mit diesem öffentlichen Auftritt eine Phase der stillschweigenden Duldung. Ende des Monats verfügte das Innenministerium die Auflösung der Lapuabewegung.

Für ein parlamentarisches Nachspiel sorgten die Hintermänner der Lapuabewegung mit der Gründung der «Vaterländischen Volksbewegung» (finn. Isänmaallinen Kansanliike, abgekürzt IKL) in Hämeenlinna. Sie organisierte sich jenseits aller Parteien als Volksbewegung und beteiligte sich zunächst im Wahlbündnis mit der Sammlungspartei an den Parlamentswahlen. Ihr Stimmenanteil blieb aber weit hinter den Erwartungen zurück. Die programmatischen Schlagworte des Parteiprogramms waren Heim, Glaube, Vaterland (finn. *koti, uskonto, isänmaa*). Die Anhänger verleugneten schon in ihrem äußeren Erscheinungsbild (schwarzes Hemd und blaue Krawatte) nicht ihre unmittelbaren Anleihen bei den italienischen Faschisten und den deutschen Nationalsozialisten. In ihren programmatischen Festlegungen standen sie allerdings dem italienischen Korporativismus näher als der Rassenideologie des Nationalsozialismus.

Die finnische Demokratie erwies sich während der Zwischenkriegszeit gefestigt genug zur Abgrenzung gegen den linken wie gegen den rechten Extremismus. Ein scharfer Antikommunismus einte alle Parlamentsparteien in der Frontstellung gegen das bolschewistische Russland. Die Kommunistische Partei war verboten.

Die Sozialdemokraten schlugen unter V. Tanner einen konsequent reformistischen Legalitätskurs ein. Sie hatten die Anfechtungen der Lapua-Bewegung nahezu unbeschadet überstanden und ihren Stimmenanteil bei den Parlamentswahlen als Mehrheitsfraktion kontinuierlich von 66 Sitzen im Jahre 1930 auf 85 Sitze 1939 steigern können. Eine Regierungsbeteiligung scheiterte nur am Widerstand des Staatspräsidenten Svinhufvud. Um seine Wiederwahl 1937 zu verhindern, setzte man auf den Kandidaten des Bauernbundes, Kyösti Kallio, und ebnete so den Weg zur ersten Koalitionsregierung mit sozialdemokratischen Ministern unter dem Vorsitzenden der Nationalliberalen Partei, Aimo Kaarlo Cajander (1879–1943), als Ministerpräsident. Das programmatische Bündnis der Bauern und Arbeiter hatte bis zum Ausbruch des Winterkrieges Bestand.

Winterkrieg und Fortsetzungskrieg

Wohl kein Ereignis aus der jüngsten Geschichte Finnlands hat im Lande selbst in der Erlebnisgeneration einen nachhaltigeren Eindruck hinterlassen und weltweit eine ähnliche Beachtung gefunden wie der beinahe aussichtslose, heldenhafte Kampf der Finnen im Jahre 1939 gegen den Goliath Russland. 3,7 Millionen Menschen wagten es, einer Weltmacht zu trotzen, die 194 Millionen Einwohner zählte und eine überwältigende Militärmaschinerie aufbieten konnte. Die Ursache für die militärische Konfrontation war eine grundlegende Änderung der machtpolitischen Lage in Europa. Die vom nationalsozialistischen Deutschland betriebene revisionistische Expansionspolitik hatte das kollektive Sicherheitssystem des Völkerbundes zum Einsturz gebracht. Die Erfolge Hitlers beim Anschluss Österreichs an das Deutsche Reich (13.3.1938) und der Einmarsch deutscher Truppen in das Memelgebiet (29.3.1939) waren unübersehbare Warnzeichen. Die Beilegung der Sudetenkrise im Münchener Abkommen vom 29.9.1938, das die Abtretung der sudetendeutschen Gebiete besiegelte, hatte nur kurzen Bestand. Die völlige Zerschlagung der Tschechoslowakei (15.3.1939) war nicht mehr zu verhindern. Hitlers antibolschewistische Parolen schreckten die Machthaber im Moskauer Kreml auf. Die territoriale Pufferzone aus einem vorgelagerten Gürtel kleinerer Nationalstaaten in Ostmitteleuropa, die in den Versailler Verträgen geschaffen worden war, hatte sich als wenig stabile Vorfeldsicherung der sowjetischen Westgrenze erwiesen. Sie drohten zum Aufmarsch- und Durchzugsgebiet deutscher Truppen zu werden. Stalin reagierte auf die Bedrohung. Mit der Ablösung des Diplomaten alter Schule und Völkerbundpolitikers Maksim M. Litvinov am 3.5.1939 durch den Politkader Vjačeslav M. Molotov signalisierte er die Abkehr von der bisherigen Europapolitik. Finnland unterschätzte nach einem späteren Eingeständnis Paasikivis in dieser kritischen Phase die verhängnisvolle Auswirkung des geografischen Faktors. Auch ehrlich gemeinte Neutralitätserklärungen reichten dem Sicherheitsbedürfnis der Sowjetunion nicht mehr aus. Stalin setzte angesichts der neuen Gefahrenlage auf eine rigorose Faustpfandpolitik. Nachdem ihm der Moskauer Vertrag mit Hitler freie Hand gegeben hatte, forderte er von den baltischen Staaten nicht nur die Abtretung von Stützpunkten und Beistandspakte mit Estland (28.9. 1939), Lettland (5.10.1939) und Litauen (10.10.1939), sondern personelle Umbesetzungen in den Regierungen. Dieses ultimative Vorgehen führte im Endergebnis im Sommer 1940 einen Systemwechsel in den betroffenen Staaten und ihre Umwandlung in Sowjetrepubliken herbei.

Der Angriff Deutschlands auf Polen am 1.9.1939, der den Zweiten Weltkrieg eröffnete, schuf eine neue Ausgangslage. Auch Finnland sah sich erneut dem Drängen Moskaus nach zweiseitigen Verhandlungen ausgesetzt. Die verantwortlichen Politiker hegten zunächst noch die Illusion, durch eine hinhaltende diplomatische Verhandlungstaktik dem Schicksal der unmittelbaren Nachbarn entgehen zu können. Paasikivi, ihren Bevollmächtigten bei den am 12.10.1939 beginnenden Gesprächen in Moskau, verpflichteten sie auf die strikte Wahrung der territorialen und staatlichen Integrität Finnlands und räumten ihm nur wenig Spielraum für Zugeständnisse ein. Der Vorsitzende der finnischen Sozialdemokraten V. Tanner reihte aus innerer Überzeugung die finnische Arbeiterschaft in die gemeinsame antibolschewistische Abwehrfront ein. Er trug als Mitglied der Kriegskabinette alle notwendigen Entscheidungen mit. Für die Sowjetunion war er daher bis in die Nachkriegszeit hinein ein Klassenfeind und Persona non grata.

Während der dramatischen Verhandlungswochen im Oktober und November 1939 trafen die finnischen und sowjetischen Gesprächspartner zu insgesamt acht Konferenzen zusammen. An sieben nahm Stalin persönlich teil und unterstrich damit die hochrangige Bedeutung der Angelegenheit für die Sowjetunion. Nach der Unterbrechung der Gespräche wartete die finnische Delegation in Moskau vergebens auf eine Fortsetzung. Der Artillerie-Zwischenfall von Mainila am 26.11.1939 leitete eine neue Runde der Konfrontation ein. Molotov beschuldigte Finnland, das sowjetische Dorf an der karelischen Grenze unter Beschuss genommen zu haben. Am 28.11.1939 kündigte die Sowjetunion den Nichtangriffsvertrag, brach die diplomatischen Beziehungen ab und eröffnete am

30.11.1939 mit der Bombardierung Helsinkis und ostfinnischer Städte die Kriegshandlungen. Der Truppenaufmarsch erfolgte an mehreren Frontabschnitten. Unmittelbar nach dem Grenzübertritt sowjetischer Truppen etablierte sich am 1.12.1939 im karelischen Grenzort Terijoki eine finnische Gegenregierung unter V. O. Kuusinen. Sie unterzeichnete schon am folgenden Tag einen Beistands- und Freundschaftsvertrag mit der Sowjetunion. An den territorialen Zugeständnissen (Verpachtung der Halbinsel Hanko, Abtretung/Verkauf der Inseln im Finnischen Meerbusen) der finnischen Seite lässt sich der Wunschkatalog der Sowjetregierung bei der Neuregelung der nachbarschaftlichen Beziehungen ablesen.

Mit der Appellation an die internationale Staatengemeinschaft erreichte Finnland wohl eine Verurteilung der Sowjetunion als Aggressor, die den Ausschluss aus dem Völkerbund zur Folge hatte, sowie die Zusage materieller und humanitärer Hilfeleistungen. Die schwierige Aufgabe der Grenzverteidigung blieb aber den finnischen Truppen unter Feldmarschall Mannerheim weitgehend alleine überlassen. Sie brachten trotz zahlenmäßiger Unterlegenheit in dem ihnen besser vertrauten Gelände den Vormarsch der Roten Armee zeitweise zum Stehen. Am Frontabschnitt nördlich des Ladogasees zwangen sie zwei bei Suomussalmi eingeschlossene Divisionen zum Rückzug und blockten lokale Einbrüche an der sog. Mannerheim-Linie erfolgreich ab. Dem Generalangriff auf der Karelischen Landenge im Februar 1940 hielt die finnische Abwehrfront aber nicht mehr länger stand.

Mannerheim sah sich zur Rückverlegung der Verteidigungslinie gezwungen. Über Kontakte der linkssozialistischen Schriftstellerin estnischer Herkunft Hella Wuolijoki (1886–1854) zur sowjetischen Gesandtin in Stockholm, Aleksandra Kollontaj, kamen schließlich Friedensgespräche zwischen den Regierungen in Gang, die mit dem Moskauer Vertrag vom 12.3.1940 endeten. Stalin konnte weitgehend seine Wünsche durchsetzen, aber Finnland behauptete seine Eigenständigkeit. Es verlor die Karelische Landenge und das Ladogagebiet mit den Städten Wiborg, Käkisalmi und Sortavala (d. i. 12 % seines Staatsterritoriums und 10 % der industriellen Produktionskapazitäten) und musste den Hafen Hanko mit Seefestung auf 30 Jahre an die Sowjetunion verpachten. Erhebliche innenpolitische Belastungen verursachte die freiwillige Umsiedlung von über

400 000 Bewohnern Kareliens. Trotz seines ernüchternden Ausgangs lebt der Winterkrieg im kollektiven Gedächtnis der Finnen als eine identitätsstiftende nationale Bewährungszeit fort. Er hat das Volk zu einer alle Standesgrenzen überwindenden Schicksalsgemeinschaft zusammengeführt.

«Waffenbrüderschaft» und Judenfrage

Während des Winterkrieges hatte sich Hitler jeder mäßigenden Einflussnahme auf die Sowjetregierung enthalten. Erst im Verlaufe des Jahres 1940, nachdem in Berlin die Entscheidung für einen Angriffskrieg im Osten gefallen war, gewann Finnland als Bollwerk des Antikommunismus und als nördliche Aufmarschbasis gegen Sowjetrussland und das grenznahe Leningrad zwangsläufig eine neue strategische Bedeutung. Zudem bot sich Finnland als Transitland zur Versorgung der deutschen Truppen im Nordteil Norwegens an. Der Gesinnungswandel in der Berliner Politik wurde offenkundig im November 1940, als Hitler in den Berliner Gesprächen den sowjetischen Außenminister Molotov mit seiner Weigerung brüskierte, entgegen der Absprache im Moskauer Vertrag der Sowjetunion freie Hand in Finnland zu lassen. Nur wenige Wochen später eröffnete er den finnischen Militärs seine Angriffsabsichten gegen die Sowjetunion (Plan «Barbarossa») und warb um finnisches Engagement und Waffenhilfe.

Die Regierung in Helsinki verstand die Beteiligung am Aufmarsch gegen die Sowjetunion als einen finnischen Separatkrieg in einem gemeinsamen antibolschewistischen Zweckbündnis. Man war der Überzeugung, ihn im Windschatten des deutschen Angriffes als einen eigenständigen Parallelkrieg führen zu können. Schon mit Rücksicht auf die Westmächte sollte jeder Anschein einer Kumpanei mit Hitler und seinen expansionistischen Kriegszielen vermieden werden. Die offizielle Sprachregelung vom «Fortsetzungskrieg» war darauf angelegt, der Weltöffentlichkeit den Eindruck zu vermitteln, dass es sich bei dem neuerlichen Waffengang um die Fortführung eines gerechten Verteidigungskampfes handelte. Seine Zielsetzung war vornehmlich auf die Rückgewinnung der im Winterkrieg verlorenen Gebiete ausgerichtet. Marschall Mannerheim, der Oberbefehlshaber der finnischen Truppen, verschloss sich zwar keineswegs den populären und von Deutschland geschürten Propagandaparolen eines antibolschewistischen

Kreuzzuges. Auf eine weitergehende Einbindung in die aggressiven Planungen der nationalsozialistischen Ostpolitik wollte er sich aber nicht einlassen. Die finnischen Militärs achteten nach Möglichkeit auf eine strikte Trennung der Kommandostrukturen, wenn sich auch im Einzelfall Überschneidungen nicht ganz vermeiden ließen.

Aus der deutsch-finnischen «Waffenbrüderschaft» in den Kriegsjahren 1941 bis 1944 auf eine weitergehende Annäherung der Finnen an die ideologischen Vorgaben des nationalsozialistischen Deutschland schließen zu wollen wäre daher voreilig. Der faschistischen Ideologie ist in der finnischen Parteienlandschaft kein nachhaltiger Einbruch gelungen, und der Antisemitismus spielte selbst innerhalb der IKL nur eine eher marginale Rolle. Der Grund ist nicht zuletzt in der sehr distanzierten Einstellung der Finnen zur Rassenideologie zu sehen.

Der Rassegedanke war bei der Selbstfindung des «Echtfinnentums» kein beherrschendes Thema. Dem Sprachenstreit der 20er- und 30er-Jahre fehlte ein rassistischer Beigeschmack. Er hatte die Emanzipation des bäuerlichen Finnland von der jahrhundertelang dominierenden schwedischen Reichskultur zum Ziel. Juden waren in der finnischen Geschichte zu keiner Zeit eine zahlenmäßig bedeutsame Bevölkerungsgruppe gewesen. Während der Schwedenzeit suchten die Behörden sie mit administrativen Maßnahmen vom Lande fernzuhalten. Bis zum Ausgang des 18. Jahrhunderts waren den Juden die ständigen Niederlassungsrechte verweigert. Die Verbote blieben auch während der Zugehörigkeit Finnlands zum Russischen Reich in Kraft und wurden in den Passgesetzen von 1862 und 1888 erneuert. Ausnahmeregelungen sah erstmals das Gesetz vom 29.3.1858 zugunsten pensionierter russischer Soldaten und Matrosen vor, die in Finnland ihren Wehrdienst abgeleistet hatten. Der Zugang zu bürgerlichen Berufen war diesen Juden und ihren Witwen und Kindern aber auch weiterhin verwehrt. Sie durften sich nur zeitweise in den größeren Städten niederlassen und zur Bestreitung ihres Lebensunterhaltes offiziell nur Kleinhandel betreiben. Erst 1909 erkannte der finnische Landtag nach mehrjährigen innenpolitischen Auseinandersetzungen den Juden in Finnland die vollen Staatsbürgerrechte zu. Das Gesetz wurde aber vom russischen Parlament in St. Petersburg und den zuständigen Reichsbehörden bis zur Oktoberrevolution nicht mehr bestätigt. Die vollen

Staatsbürgerrechte haben die Juden daher erst 1918 im unabhängigen Finnland erhalten. Zahlenmäßig sind die Juden in Finnland immer nur eine kleine Minderheit geblieben. 1920 zählte man insgesamt 1468 Juden. Davon waren 1097 (74,7%) in Finnland geboren, aus Russland stammten 351 (23,9%). Die hauptsächlichen Wohnorte der finnischen Juden waren Helsinki mit 979, Wiborg mit 278 und Turku mit 211 Personen.

Angesichts dieser Sachlage hatte sich der deutsche Bündnispartner während der Kriegsjahre auf dem Boden Finnlands mit einer teilweise grotesken Situation abzufinden. Er musste es widerwillig hinnehmen, dass in der finnischen Armee und damit an der Seite deutscher Truppen jüdische Soldaten und Offiziere kämpften. Zwischen 1939 und 1944 leisteten insgesamt 352 finnische Juden ihren Militärdienst ab; 23 von ihnen fielen während der Kriegshandlungen. Die finnische Regierung und die Armeeführung widersprachen energisch dem Ansinnen der Deutschen, Juden aus ihren Truppen zu entfernen. Andererseits ist nicht zu übersehen, dass Finnland mit seiner rigorosen Flüchtlingspolitik schutzsuchenden Juden den Zugang verwehrt hat und und jüdische Staatsbürger, die kommunistischer Umtriebe verdächtigt wurden, vor Diskriminierungen und Fehlverhalten durch die Staatspolizei nicht verschont blieben. In Einzelfällen sind Juden auch an die nationalsozialistischen Behörden überstellt worden.

Rechtsradikalismus und Antisemitismus sind in der finnischen Geschichte des 20. Jahrhunderts nur in einem sehr losen Zusammenhang zu sehen. Eine dem nationalsozialistischen Deutschland vergleichbare Indoktrinierung der Bevölkerung hat es in Finnland zu keinem Zeitpunkt gegeben. Die starke Stellung der Sozialdemokratie und der Bauernpartei im parlamentarischen Leben hat auch in den Kriegsjahren, als Finnland sich eng mit Hitler gegen den Bolschewismus verbündete, eine Aufkündigung der demokratischen Spielregeln verhindert.

Nach der Niederlage im Winterkrieg entschied sich die finnische Führung für eine pragmatische Politik, die sie angesichts der Sachlage für alternativlos hielt. Sie suchte Rückhalt bei der einzigen Militärmacht, die als erklärter Gegner des Bolschewismus Stalin die Stirn bieten konnte. Die Option für Deutschland schloss seit Frühjahr 1941 gemeinsame militärische Absprachen auf Generalstabsebene, teilweise unter Umgehung der verfassungsmäßigen Instanzen, ebenso wenig aus wie eine indirekte Beteiligung an den deutschen Aufmarschvorbereitungen. Die Duldung von deutschen Truppentransporten und Waffenlieferungen über finnisches Territorium nach Norwegen war ein Affront gegen die Sowjetunion, obwohl sie in einem zeitlichen Zusammenhang mit dem Vertrag über sowjetische Transitrechte zum Stützpunkt Hanko erfolgte. Der engere Führungskreis in Finnland war in den Geheimplan Barbarossa für den deutschen Ostfeldzug eingeweiht. Ein förmlicher Bündnisvertrag ist allerdings von beiden Seiten nie besiegelt worden. Die deutsche Heeresleitung begnügte sich bis zum Beginn des Angriffes am 22.6.1941 mit mündlichen Absprachen. Nach der Bombardierung ostfinnischer Städte durch sowjetische Flugzeuge am 25.6.1941 sah sich Finnland faktisch als Kriegsteilnehmer.

Für die finnische Kriegsführung kam der erneute Waffengang nicht überraschend. Man hatte sich auf ein militärisches Engagement vorbereitet und konnte eine gut gerüstete Armee von nahezu 500000 Soldaten aufbieten. Obwohl man zur Offensive mit dem erklärten Ziel angetreten war, sich auf die Rückholung der verlorenen Gebiete in Karelien zu beschränken, wurden nach den Anfangserfolgen die Übergänge zu einem Eroberungskrieg über die alten Landesgrenzen in Ostkarelien hinaus immer mehr fließend. Die Finnen eroberten Wiborg zurück und stießen Anfang September 1941 im Gebiet zwischen Ladogasee und Onegasee (finn. Aunus, russ. Olonec) bis an den Swir (karel. Syväri) vor. Am 1.10. 1941 besetzten sie die Hauptstadt der Karelischen Autonomen Republik Petrozavodsk (karel. Petroskoi, von den Finnen zeitweise umbenannt in Äänislinna) am Westufer des Onegasees.

Mannerheim hatte, allerdings ohne Absprache mit der Regierung, in seinem Tagesbefehl vom 10. Juli 1941 in einem pathetischen Ton erneut die Kreuzzugstimmung gegen den Kommunismus beschworen und nochmals an sein Versprechen aus dem Jahre 1918 erinnert, nicht eher das Schwert in die Scheide zu stecken, als bis er den ostkarelischen Stammesverwandten die Freiheit gebracht habe. Sehr zum Ärger der deutschen Verbündeten weigerte er sich aber im weiteren Kriegsverlauf, die angeforderten Truppen für den Belagerungsring um Leningrad abzustellen. Ebenso vermied er es mit Rücksicht auf die Vereinigten Staaten, sich am direkten Angriff auf die Murmanskbahn zu beteiligen, die für die Zulieferungen der Roten Armee aus dem Ausland eine hochrangige strategische Bedeutung hatte. In den Frontabschnitten, die von finnischen Verbänden gehalten wurden, erschöpften sich sehr bald die Kriegshandlungen in einem zermürbenden Stellungskrieg. Er brachte beiden Seiten bis zum Sommer 1944 nur noch bescheidene Geländegewinne.

Spätestens nach der deutschen Niederlage bei Stalingrad 1943 war den finnischen Militärs und Politikern klar, dass der Krieg nicht mehr zu gewinnen war. Sie suchten über Verbindungen in den USA nach Möglichkeiten, mit Moskau ins Gespräch zu kommen. Zwar hatte sich der finnische Staatspräsident Risto Ryti (1889–1956) bei dem überraschenden Besuch des deutschen Außenministers Ribbentrop in Helsinki am 26.6.1944 verbürgt, ohne ausdrückliche Zustimmung Berlins keine Sonderfriedensverhandlungen mit der Sowjetunion zu führen. In Finnland wertete man diese Unterschrift unter die gemeinsame Erklärung aber keineswegs als ein nachgereichtes förmliches Militärbündnis, sondern als eine persönliche Verpflichtung des Präsidenten, die mit seinem Rücktritt am 1.8.1944 hinfällig geworden sei. Diese Interpretation erleichterte es seinem Nachfolger Mannerheim im Amt des Staatspräsidenten, aus der Militärallianz mit der deutschen Wehrmacht auszuscheren. Den unvermeidlichen Schritt kündigte er in einem persönlichen Schreiben vom 3.9.1944 an Hitler an. Zur Begründung verwies er auf die akute Bedrohungslage seines Landes angesichts der bevorstehenden Großoffensive der Roten Armee auf der Karelischen Landenge.

Jahre der Gefahr
(1944–1948)

Der Preis, den Finnland im Moskauer Waffenstillstandsvertrag vom
19.9.1944 zu zahlen hatte, war hoch. Die wesentlichen Verpflichtungen waren der Rückzug hinter die Grenzen von 1940, die De-
mobilisierung der Armee, die Bestrafung der Kriegsverbrecher, Re-
parationszahlungen in Höhe von 300 Millionen Dollar, der Verzicht
auf das Petsamogebiet und der Tausch des verpachteten Hanko
mit dem näher an Helsinki gelegenen Marinestützpunkt Porkkala.
Als eine schwere Hypothek erwies sich die Auflage, innerhalb einer
Frist von 14 Tagen die deutschen Truppen auf finnischem Boden zu
entwaffnen. Daraus entwickelten sich nach anfänglich noch einver-
nehmlichen Absprachen über die Abzugsmodalitäten zwischen der
deutschen und der finnischen militärischen Führung auf sowjetischen Druck hin sehr schnell vereinzelte Rückzugsgefechte. Sie
eskalierten schließlich zu einem regelrechten Krieg, der sich vom
28.9.1944 bis zum 27.4.1945 hinzog. Eine offizielle Kriegserklä-
rung Finnlands ist erst in der Endphase am 3.3.1945 erfolgt. Die
über die Grenze nach Norwegen zurückweichenden deutschen
Truppen, insgesamt noch etwa 240000 Soldaten, verfolgten eine
Taktik der verbrannten Erde. Sie hinterließen gesprengte Brücken,
brennende Dörfer und ein vermintes Gelände. Die Explosion eines
Munitionszuges löste in der Hauptstadt Lapplands, in Rovaniemi,
eine verheerende Brandkatastrophe aus. Die Erinnerung an den
Lapplandkrieg hat die deutsch-finnischen Beziehungen in der
Nachkriegszeit erheblich belastet.

Finnlands Politiker standen beim Abbruch des Fortsetzungskrieges vor einem Scherbenhaufen. Viele Familien hatten Angehörige verloren. Die Kriegsverluste des Fortsetzungskriegs mit
66000 Gefallenen lagen weit über denen des Winterkrieges mit annähernd 24000 Gefallenen. Sie betrafen zusammen mit den Opfern
unter der Zivilbevölkerung 2,2% der Gesamtbevölkerung. Fast
200000 Verwundete und annähernd eine halbe Million Flüchtlinge

hatten am eigenen Leibe unmittelbar unter den Kriegsfolgen zu leiden. Mit der rechtzeitigen Entscheidung zur Kapitulation und den aktiven Kriegshandlungen gegen den einstigen Verbündeten konnte man dem Lande eine Besetzung durch die Rote Armee ersparen. Zur Überwachung des Waffenstillstandes hatte man aber eine von sowjetischer Seite dominierte Alliierte Kontrollkommission (1944 bis 1947) unter dem Vorsitz des sowjetischen Generalobersten Andrej A. Ždanov zu akzeptieren, die schon am 22. September 1944 in Helsinki ihre Tätigkeit aufnahm. Sie bestimmte mit einem Stab aus 200 sowjetischen und 15 britischen Offizieren bis zu ihrer Auflösung im Jahre 1947 faktisch die Geschicke des Landes.

Der Neuanfang in den Nachkriegsjahren stand unter ungünstigen Vorzeichen. Finnland musste den einzigen Eismeerhafen Petsamo abgeben und durch die Gebietsabtretung auf 12 % der landwirtschaftlichen Gesamtproduktion, 30 % der elektrischen Energie und 26 % der Zelluloseerzeugung verzichten. Mit dem Saimaakanal gewann die Sowjetunion die Kontrolle über eine der wichtigsten Wasserstraßen, die Ostfinnland mit dem Finnischen Meerbusen verband. Der größte Holzverladehafen Europas in Uuras (1948 umbenannt in Vycock) kam unter sowjetische Regie.

Bei den Siegermächten musste verlorenes Vertrauen zurückgewonnen werden. Mit der Anklageerhebung gegen verantwortliche Politiker der Kriegsjahre kam die Regierung der Verpflichtung nach, Kriegsschuldige abzuurteilen. Die Prozessverfahren vor einem finnischen Gericht dauerten von November 1945 bis Februar 1946. Sie endeten mit Schuldsprüchen gegen den früheren Staatspräsidenten Risto Ryti (10 Jahre) sowie gegen die ehemaligen Ministerpräsidenten Johan Wilhelm Rangell und Edwin Linkomies (6 bzw. 5 1/2 Jahre) und die Minister Väinö Tanner (5 1/2 Jahre), Henrik Ramsay (2 1/2 Jahre), Antti Kukkonen und Tyko Reinikka (je 2 Jahre) und gegen Toivo Mikael Kivimäki (5 Jahre), der während der Kriegsjahre finnischer Botschafter in Berlin gewesen war. Die Schuldzuweisungen an einzelne Regierungsmitglieder, die aus Sicht der finnischen Bevölkerungsmehrheit im Namen des Volkes gehandelt hatten, entsprachen nicht dem allgemeinen Rechtsempfinden und belasteten das innenpolitische Klima. Die Urteile sind durch vorzeitige Haftentlassungen nachträglich korrigiert worden.

Die Verurteilung Tanners hat entgegen den sowjetischen Erwartungen die antikommunistische Grundeinstellung der finnischen Sozialdemokratie nicht verändert. Die Parteiführung und die Basis blieben trotz der Abspaltungen linker Gruppierungen bei ihrem tief verwurzelten Misstrauen gegenüber der Moskauer Politik. Während der Kriegsjahre hatten die Sozialdemokraten den Schulterschluss mit den Bürgerlichen in der Massenbewegung des Finnischen Waffenbrüderbundes (finn. Suomen Aseveljien Liitto/SAL, gegründet am 4.8.1940) gesucht und linke Sektierer (u. a. die Antikriegsopposition unter Karl Harald Wiik, die sog. Sechs, finn. *kuutoset*) rigoros aus der Partei entfernt. Tanner selbst blieb seinen Überzeugungen treu. Er kehrte nach seiner Haftentlassung schon 1951 wieder als Parlamentsabgeordneter in die politische Arena zurück und übernahm 1957–1963 sehr zum Missfallen der sowjetischen Machthaber erneut den Parteivorsitz.

Die im Waffenstillstandsvertrag vorgesehene Wiederzulassung der Kommunistischen Partei gab den linken Kräften neuen Auftrieb. Ihre Akteure vor Ort, u. a. Hertta Kuusinen (1904–1974), die Tochter des Kominternsekretärs O. V. Kuusinen im Moskauer Exil, und ihr damaliger Ehemann Yrjö Leino (1897–1961), setzten nach den Erfahrungen der Kriegsjahre nicht nur auf die legalistischen Mittel parlamentarischer Mehrheitsbildungen. Ähnlich wie die Kommunisten in den Satellitenländern der Sowjetunion in Ostmittel- und Südosteuropa mobilisierten sie die Massen auf dem außerparlamentarischen Weg durch Protestdemonstrationen, Straßenaufzüge und Streiks. Bei den Parlamentswahlen vermieden sie es unter dem Eindruck der nachwirkenden Kriegserfahrungen, mit eigenem Namen aufzutreten. Getreu der aus Moskau vorgegebenen Volksfronttaktik gründeten sie zusammen mit linken Oppositionellen aus der Sozialdemokratie und linkssozialistischen Organisationen am 29.10.1944 den Wählerverband «Volksdemokratischer Verband Finnlands» (Suomen Kansan Demokraatinen Liitto/ SKDL), in dem allerdings von Anfang an die kommunistischen Funktionäre die Richtung vorgaben.

Bei den ersten Nachkriegswahlen im März 1945 gewannen die Volksdemokraten mit 23,5 % und die Agrarpartei mit 21,3 % jeweils 49 Sitze und waren fast gleichauf mit den Sozialdemokraten (25,1 % und 50 Sitze). Der Anspruch auf Regierungsbeteiligung war den

Kommunisten und ihren Sympathisanten unter den Augen der Alliierten Kontrollkommission nicht mehr zu verwehren. Zum Garanten für den Fortbestand des parlamentarischen Systems und der demokratischen Rechtsordnung wurden die finnischen Sozialdemokraten, die ihrer antikommunistischen Grundüberzeugung treu blieben und ihre starke Stellung in der Gewerkschaftsbewegung behaupteten. Einflussreicher Drahtzieher im Hintergrund wurde der konservative Politiker J. K. Paasikivi (bis 1881 Johan Gustav Hellsten). Er entstammte noch der alten Politikergarde, die schon in der Autonomiezeit Erfahrungen im Umgang mit Russland gesammelt hatte. Als Delegationsleiter in Dorpat 1920 und 1939/1940 als Teilnehmer bei den Moskauer Verhandlungen hatte er sich vergeblich um eine realistischere Einschätzung des sowjetischen Sicherheitsbedürfnisses bemüht und für ein Entgegenkommen auch gegenüber territorialen Wünschen des östlichen Nachbarn ausgesprochen. Seine Reaktivierung als Ministerpräsident (1944–1946) markierte einen Wendepunkt in der finnischen Russlandpolitik und nach den gescheiterten Illusionen die Rückkehr zur Realpolitik. Paasikivi überließ bei der Regierungsbildung Yrjö Leino das Sozialressort, um die finnischen Kommunisten in die gemeinsame politische Verantwortung einzubinden. Nach seiner Wahl zum Staatspräsidenten übernahm im März 1945 der bisherige Verteidigungsminister Mauno Pekkala (1890–1952) das Amt des Ministerpräsidenten. Er war 1939–1942 sozialdemokratischer Finanzminister im Kriegskabinett gewesen und 1944 zur SKDL übergetreten. Bei der Regierungsumbildung wechselte Leino in das Innenressort. Er gewann damit die Zuständigkeit für die Staatspolizei (Valpo). Entgegen den Befürchtungen, die aus vergleichbaren Konstellationen bei der kommunistischen Machtübernahme in den anderen Staaten des entstehenden Ostblocks genährt wurden, konnten die finnischen Kommunisten diese Befugnisse nicht nutzen, um die Weichen für den von Hertta Kuusinen prognostizierten «tschechoslowakischen Weg» zu einer Volksdemokratie zu stellen. Nach der Aufdeckung heimlicher Waffenlager der Militärs schürte der Ermittlungseifer der Staatspolizei erhebliches Misstrauen. Gerüchte über Umsturzpläne der Kommunisten kursierten in Helsinki. Sie wurden von konservativen und sozialdemokratischen Kreisen eifrig verbreitet und zwangen Leino schließlich zum Rücktritt. Nach dem Prager Putsch im Februar 1948 mussten die finnischen Kommunisten bei den Reichstagswahlen erhebliche Stimmenverluste (20,0%, 38 Sitze) hinnehmen. Sie verloren 11 Parlamentssitze, während die Bauernpartei (24,2%, 56 Sitze) und die Sozialdemokraten (26,3%, 54 Sitze) zulegten. Im neuen Minderheitskabinett des Sozialdemokraten Karl-August Fagerholm waren sie nicht mehr vertreten.

Trotz der sich immer deutlicher abzeichnenden Frontstellungen eines Ost-West-Gegensatzes auf der weltpolitischen Bühne einigten sich die Siegermächte nach langwierigen Verhandlungsrunden auf einen förmlichen Friedensvertrag mit Finnland. Er wurde am 10.2. 1947 zusammen mit den Verträgen für Rumänien, Italien, Ungarn und Bulgarien in Paris unterzeichnet. Vergeblich hatte man in Helsinki auf eine Abmilderung der Waffenstillstandsbestimmungen gehofft. Sie sind in allen wesentlichen Punkten bestätigt worden.

Paasikivi verstand es während seiner Amtszeit als Staatspräsident (1946–1956), sich das Vertrauen der sowjetischen Führung in die Zuverlässigkeit der Friedenspolitik Finnlands zu erhalten. Paasikivi verzichtete mit Rücksicht auf Moskau darauf, das von den Vereinigen Staaten angebotene Wirtschaftshilfeprogramm für Europa (European Recovery Programm/ERP, sog. Marshall-Plan) anzunehmen. Damit nahm er in Kauf, dass Finnland auch außerhalb der Organisation für Europäische Wirtschaftliche Zusammenarbeit (OEEC) und der Europäischen Zahlungsunion bleiben musste und nicht an den Maßnahmen zur Erleichterung des Handels- und Zahlungsverkehrs in Westeuropa teilnehmen konnte. Paasikivi bemühte sich ebenso wie schon Mannerheim um vertrauensbildende Maßnahmen und setzte sich für freiwillige Garantieverpflichtungen Finnlands gegenüber dem russischen Nachbarn ein. 1948 akzeptierte er das sowjetische Angebot, in Verhandlungen über einen Freundschafts-, Kooperations- und gegenseitigen Beistandspakt einzutreten. Es gelang ihm, gleichlautende Formulierungen mit den Verträgen, die zuvor den Ungarn und Rumänen vorgelegt worden waren, zu vermeiden. In der am 6.4.1948 unterzeichneten Textfassung rettete er Finnland einen Freiraum für eine eigenständige Politik zwischen den Großmächten und erreichte eine Entschärfung der Forderung, in Krisenzeiten gemeinsamen Verteidigungsanstrengungen mit der Sowjetunion zuzustimmen. Die sog. Paasikivi-Linie, die sein Nachfolger Urho K. Kekkonen als langjähriger Staatspräsident (1956–1981) konsequent fortführte, blieb über vier Jahrzehnte bis zur Auflösung der Sowjetunion 1991 die Richtschnur der finnischen Politik.

Die demonstrative Zurückhaltung Finnlands im Ost-West-Konflikt der Nachkriegsjahre ist im westlichen Ausland zu Unrecht als einseitige Rücksichtnahme auf den großen Nachbarn verstanden und mit dem Schlagwort der «Finnlandisierung» diskreditiert worden. Die Paasikivi-Kekkonen-Linie ermöglichte es Finnland immerhin, in den schwierigen Jahren des Kalten Krieges im Windschatten der Sowjetmacht zu überleben. Der schwierige Balanceakt erforderte eine vorausschauende Selbstbeschränkung. Diese unterwarf während der Kekkonen-Ära die Presse Finnlands in der Diskussion heikler politischer Themen dem strikten Reglement einer freiwilligen Selbstzensur. Finnland pflegte gute Kontakte und wirtschaftliche Beziehungen zu beiden Seiten und empfahl sich durch den von Kekkonen betonten Neutralitätskurs als Mittler zwischen den verfeindeten Blöcken. 1952 konnte Finnland als Gastland der Olympischen Spiele den Sportlern aus aller Welt in Helsinki eine von politischen Querelen unbelastete Wettkampfarena anbieten. Die Olympische Flamme brachte damals Paavo Nurmi (1897–1973) in das Olympiastadion nach Helsinki, der mit acht Goldmedaillen und drei Silbermedaillen der erfolgreichste finnische Läufer der 20er-Jahre war und als «Fliegender Finne» zur Symbolfigur der finnischen Sportnation geworden ist.

Die Erblasten der Vergangenheit

Die Erblasten des verlorenen Krieges erschwerten in der Innenpolitik den Neubeginn erheblich. Wirtschaftliche und soziale Probleme verschärften die labile Lage. Über 400 000 Übersiedler aus den Abtretungsgebieten in Karelien und den Gemeinden Salla, Kuusamo, Hanko, Porkkala und Petsamo, d. i. 11 % der damaligen Gesamtbevölkerung Finnlands, mussten in kürzester Frist auf dem Lande mit neuen Bauernstellen versorgt und in den Städten in den industriellen Arbeitsprozess eingegliedert werden. Die kurzfristige Bereitstellung der notwendigen Unterkünfte und Arbeitsplätze verlangten von der Regierung intensive Organisations- und Integrationsleistungen. Unter dem Druck der ländlichen Überbevölkerung haben im Zeitraum von 1945 bis 2000 etwa eine halbe Million Finnen ihr Heimatland verlassen und Arbeit im benachbarten Schweden gesucht. Über die Hälfte der Auswanderer ist allerdings später wieder zurückgekehrt.

Der Ablösung der hohen Reparationsverpflichtungen im Gesamtumfang von 300 Mio. US-Dollar (zum ungünstigen Kurswert von 1938) verdankte Finnland einen nachhaltigen Investitionsschub. Die Sowjetunion forderte zwei Drittel der Lieferungen aus den Erzeugnissen der Metall verarbeitenden Industrie und des Schiffsbaus, die bisher nur einen verschwindenden Anteil zum finnischen Export beigetragen hatten. Die Erfüllung der Auflagen erforderte eine radikale Umstrukturierung der finnischen Wirtschaft. Die enorme Kraftanstrengung hat dem Agrar- und Holzland Finnland die rasche Umstellung auf neue Wachstumsbranchen erleichtert und den notwendigen Strukturwandel auf dem Weg zu einer modernen Industriegesellschaft erheblich beschleunigt. Laura Kolbe spricht in diesem Zusammenhang von einem der spätesten und schnellsten Urbanisierungsprozesse Europas während der 1960er-Jahre in der finnischen Gesellschaft. Er war verbunden mit einer stark ausgeprägten Landflucht, die weite Regionen in Nordfinnland entleerte, und mit einer Binnenwanderung, die den städtischen Zentren in den südlichen Landesteilen (Jyväskylä, Tampere, Turku, Helsinki) einen enormen Anstieg der Bevölkerungszahlen bescherte. Der Anteil der in der Landwirtschaft beschäftigten Bevölkerung sank von 61% im Jahre 1930 auf 32% im Jahre 1960, und der Anteil der Industriearbeiterschaft verdoppelte sich im gleichen Zeitraum von 15% auf 31%. In gleicher Weise erhöhte sich der Dienstleistungssektor.

Der Abzug der Alliierten Kontrollkommission gab Finnland 1947 die volle staatliche Souveränität zurück. Moskau belohnte die Loyalität der Finnen mit einem Teilerlass der Schulden und mit der vorzeitigen Rückgabe des Marinestützpunktes Porkkala im Jahre 1956 sowie mit der Zustimmung zum UNO-Beitritt Finnlands und zur Mitarbeit im Nordischen Rat im Jahre 1955. Andererseits scheuten sich die sowjetischen Politiker aber weiterhin auch nicht, bei unliebsamen Entwicklungen in Finnland ihren Unmut zu äußern oder direkten Einfluss zu nehmen. Väinö Tanners Rückkehr als Vorsitzender der Sozialdemokratischen Partei im Jahre 1957 wurde als Provokation empfunden. Als nach den Wahlen 1958 den Kommunisten, obwohl sie mit 50 Sitzen die stärkste Fraktion im Parlament stellten, die Regierungsbeteiligung verwehrt wurde, reagierte man in Moskau mit der Abberufung des Botschafters und der Unterbrechung der laufenden Handelsgespräche. Der «Nachtfrost» (finn. *yöpakkaset*) in den finnisch-sowjetischen Beziehungen (1958/59) zwang den sozialdemokratischen Ministerpräsidenten Fagerholm zum Rücktritt. Der Konflikt erinnerte die Finnen schmerzhaft an die gebotene Rücksichtnahme auf die Befindlichkeiten des mächtigen Nachbarn.

Im gleichen Zusammenhang ist die «Notenkrise» von 1961 zu sehen. Während des damaligen Machtpokers der Großmächte um den Status Berlins nach dem Bau der Mauer hatte die Kremlführung unter Verweis auf den Freundschafts- und Beistandsvertrag Präsident Kekkonen zu Konsultationen eingeladen und wilde Spekulationen über die konkreten Verpflichtungen Finnlands ausgelöst. Den gewünschten Neutralitätsstatus wollte man Finnland von sowjetischer Seite keinesfalls zugestehen. Die Konfliktvermeidung war daher für die finnischen Politiker die am ehesten Erfolg versprechende Überlebensstrategie. Als ihr Garant gewann während seiner langjährigen Amtszeit der finnische Staatspräsident Kekkonen auch aus sowjetischer Sicht seine Glaubwürdigkeit und sein staatsmännisches Profil. Diese Rolle ihres Präsidenten ist auch von der Mehrheit der Finnen so gesehen worden. Im Januar 1973 ermöglichten ihm die Abgeordneten des finnischen Parlaments durch eine Ausnahmeregelung eine Verlängerung seiner Amtszeit bis 1978, der sich nach einer regelrechten Neuwahl noch eine fünfte Amtsperiode anschloss. Im Oktober 1981 musste Kekkonen wegen seines schlechten Gesundheitszustandes nach 25 Jahren vorzeitig zurücktreten.

Mit der peniblen Erfüllung der harten Auflagen des Friedensvertrages hatte sich Finnland nach Kriegsende die Rückkehr in die internationale Staatengemeinschaft erkauft. Finnland wurde noch im Februar 1948 Mitglied des Internationalen Währungsfonds (IMF) und der Weltbank und trat dem Allgemeinen Zoll- und Handelsabkommen (GATT) bei, betrieb aber bis in die 60er-Jahre eine hochprotektionistische Außenhandelspolitik zum Schutz der heimischen Landwirtschaft und der Industrie. 1961 schloss sich Finnland unter Sonderbedingungen (FINNEFTA-Vertrag) als assoziiertes Mitglied der EFTA-Freihandelszone (European Free Trade Association) an, die 1960 in Stockholm als Gegengewicht zur Europäischen Gemeinschaft (EG) gegründet worden war. Die Sowjetunion ließ sich die Zustimmung durch das Zugeständnis der Meistbegünstigung honorieren. 1969 trat Finnland der OECD (Organization for Economic Cooperation and Development) bei, war aber im Ost-West-Verhältnis weiterhin um Ausgewogenheit bemüht. Mit Rücksicht auf die Sowjetunion mussten die schon weit fortgeschrittenen Planungen einer Wirtschaftsunion zwischen Dänemark, Finnland, Norwegen und Schweden (sog. NORDEK) wieder abgebrochen werden. Um sowjetische Vorbehalte gegenüber einer zu engen Einbindung Finnlands in den westeuropäischen Wirtschaftsraum zu zerstreuen, schloss Finnland vor der Unterzeichnung eines Freihandels- und Zollvertrages mit der EWG (5. 10. 1973) einen Assoziierungsvertrag mit den Staaten des COMECON (16. 5. 1973).

In der ungelösten Deutschlandfrage war Finnland jahrelang zu einer schwierigen Gratwanderung gezwungen. Im Konfliktfall hatten die Finnen keinen Handlungsspielraum. Bei einer Bedrohung der Sowjetunion über finnisches Territorium waren sie zu Konsultationen und zu gemeinsamen Verteidigungsanstrengungen verpflichtet. Auf der anderen Seite hinderte sie die bundesdeutsche Hallstein-Doktrin an der Aufnahme diplomatischer Beziehungen zu beiden deutschen Staaten. Man begnügte sich daher zunächst mit diplomatischen Kontakten auf der niederen Ebene der Handelsvertretungen. Die neue Ostpolitik unter dem deutschen Bundeskanzler Willy Brandt schuf eine veränderte Sachlage. Sie wurde von Präsident Kekkonen zu diplomatischen Initiativen genutzt, um Finnlands Neutralitätsanspruch über eine gezielte Konfliktvermeidungsstrategie internationale Geltung zu verschaffen. Im Herbst 1969 war Finnland in Helsinki Gastgeber der ersten Gesprächsrunde zwischen der Sowjetunion und den USA zur Begrenzung strategischer Waffen (Strategic Arms Limitation Talks/SALT). Finnland erklärte sich bereit, eine Konferenz über Sicherheit und Zusammenarbeit in Europa zu organisieren. Diese sog. KSZE-Konferenzen wurden am 3.7.1973 in Helsinki eröffnet. Sie endeten am 1.8.1975 mit der Unterzeichnung der Schlussakte durch 35 Staatsführer.

Die Beratungen der KSZE (seit 1.1.1995 umbenannt in Organisation für Sicherheit und Zusammenarbeit in Europa, OSZE) leiteten nicht nur folgenreiche Entspannungs- und Umstrukturierungsprozesse in den beteiligten Ländern ein, die schließlich zum Ende des Kalten Krieges und zur Ablösung der kommunistischen Parteiherrschaft in Ost- und Südosteuropa führen sollten. Sie brachten Bewegung auch in der ungelösten Deutschlandfrage. Am 10.9.1971 schlug die finnische Regierung den Leitern der Handelsvertretungen der beiden deutschen Staaten überraschend in gleichlautenden Verbalnoten und einem beigefügten Vertragsentwurf (sog. Deutschlandpaket) die Aufnahme diplomatischer Beziehungen vor. In der Bundesrepublik wurde das finnische Vorgehen als bewusste Abkehr vom bisherigen Paritätsprinzip in der Deutschlandfrage und als eilfertiges Zugeständnis an die Sowjetunion interpretiert. Die Verhandlungen sind daher von der Bundesregierung im Gegensatz zur DDR nur sehr widerwillig aufgenommen worden. Der Abschluss wurde bis zur Unterzeichnung des Grundlagenvertrages zwischen Bonn und Ostberlin am 21.12.1972 hinausgezogert. Vereinbarungsgemäß nahm Finnland am 7.1.1973 die diplomatischen Beziehungen zu beiden deutschen Staaten auf. Die Regierungen in Bonn und in Ostberlin waren auf den anschließenden KSZE-Konferenzen als gleichberechtigte Teilnehmer vertreten. Am Rande der Unterzeichnung der KSZE-Schlussakte kam es am 30. 7. 1975 und am 1. 8. 1975 zum dritten deutsch-deutschen Gipfelgespräch zwischen Bundeskanzler Helmut Schmidt und dem Ersten Sekretär der SED Erich Honecker in Helsinki.

Die Kontinuität der kulturellen Traditionen

Am 4.9.1960 brachte Staatspräsident Kekkonen anlässlich seines 60. Geburtstages bei einem Essen zu Ehren des Vorsitzenden des Ministerrats der Sowjetunion N.S. Chruščevs seine persönliche Überzeugung zum Ausdruck, dass das finnische Volk selbst dann, wenn ganz Europa kommunistisch werden sollte, auf dem Boden der traditionellen skandinavischen Demokratie bleiben werde. Finnland hat auch unter dem spürbaren sowjetischen Druck in den unmittelbaren Nachkriegsjahren seine vorbehaltlose Zugehörigkeit zum gemeinsamen demokratischen und kulturellen Wertesystem des Westens nie verleugnet.

Kunst und Literatur in Finnland hatten sich zur Jahrhundertwende während des «Goldenen Zeitalters» in einem internationalen Milieu entwickeln können. Reisen zu den Kunstmetropolen Europas, längere Studienaufenthalte im Ausland und die kritische Auseinandersetzung mit den gewonnenen Anregungen zählten zu den selbstverständlichen Voraussetzungen in der Ausbildung der Künstler, Schriftsteller und Musiker. Der Künstlergeneration im finnischen Nationalstaat der Zwischenkriegszeit war diese unmittelbare Teilhabe an dem gesamteuropäischen kulturellen Austausch erheblich erschwert worden. Die Auslandskontakte und die Rezeption der aktuellen zeitgenössischen Strömungen waren in den Kriegsjahren spürbar eingeschränkt. Bei Kriegsende hatte sich ein erheblicher Nachholbedarf angestaut. Er konnte nicht zuletzt dank der finnlandschwedischen Vermittlung relativ rasch ausgeglichen werden.

Der volksnahe Grundzug aus der nationalromantischen Gründerphase ist der finnischen Literatur erhalten geblieben. Er gewann aus der Verarbeitung der zeitgeschichtlichen Revolutions- und Kriegsereignisse eine neue Ausprägung. Frans Eemil Sillanpää (1888 bis 1964) war 1939 der Nobelpreis zugesprochen worden für seine erlesene Stilkunst bei der Schilderung des Bauernlebens und der heimatlichen Natur. Väinö Linna (1920–1992) profilierte sich nach

1945 als der meistgelesene Schriftsteller mit einer schonungslosen dichterischen Verarbeitung des Kriegstraumas in seinem Roman «Der unbekannte Soldat» (finn. «Tuntematon sotilas», 1954, in deutscher Übersetzung auch unter dem Titel «Kreuze in Karelien»). In der Romantrilogie «Hier unter dem Polarstern» (finn. «Täällä Pohjantähden alla», 1959–1962) schilderte er die einschneidenden Umbrüche seit 1917 in seiner Heimat aus der Erlebniswelt einer kleinbäuerlichen Familie.

Dass sich in zunehmendem Maße auch Frauen in der Literatur zu Worte meldeten, zeigt die veränderten gesellschaftlichen Rahmenbedingungen in der Nachkriegsgeneration an. Wegbereiterinnen des Modernismus waren in der schwedischsprachigen Literatur der Zwischenkriegszeit Edith Södergran (1892–1923), ein ehemaliger Zögling der renommierten deutschen Petri-Schule in St. Petersburg, und in den Nachkriegsjahren Eeva-Liisa Manner (1921–1995). Unbeeindruckt von den avantgardistischen Experimenten der Zeitgenossen, bevorzugte der wohl bedeutendste Erfolgsautor Finnlands im 20. Jahrhundert, Mika Waltari (1908–1979), weiterhin die traditionelle Erzählweise. Seine historischen Romane, u. a. die langatmige Geschichte aus dem alten Ägypten («Sinuhe der Ägypter»), sind in alle Weltsprachen übersetzt worden. Eine vergleichbare Popularität erreichte die finnlandschwedische Kinderbuchautorin und Zeichnerin Tove Jansson (1914–2001) mit ihren fantasievollen Geschichten über die Trollfamilie aus dem Mumintal.

Mehr noch als durch seine Literatur wird das zeitgenössische Finnland in der europäischen Kulturszene durch Repräsentanten seiner traditionsreichen Musikkultur wahrgenommen. Herausragende finnische Sängerinnen – u. a. die Sopranistinnen Aino Ackté (1876–1944) und Anita Välkki (geb. 1926), die Mezzosopranistin Monica Groop (geb. 1958) – und Sänger – u. a. die Bässe Kim Borg (geb. 1919), Martti Talvela (1935–1989), der Initiator und langjährige künstlerische Leiter der Opernfestspiele in Savonlinna, und Matti Salminen (geb. 1945), sowie die Baritone Hugo Walton Grönroos (1939–1999) und Jorma Hynninen (geb. 1941) – debütierten auf den großen Opernbühnen der Welt. In der Meisterklasse Jorma Panulas an der Sibelius-Akademie in Helsinki ist eine neue Dirigentengeneration geschult worden – u. a. Osmo Vänskä (geb. 1953), Jukka-Pekka Saraste (geb. 1956), Sakari Oramo (geb. 1965), Esa-

Pekka Salonen (geb. 1958), Mikko Franck (geb. 1979) –, denen die Leitung der bedeutendsten Orchester der Welt anvertraut wurde. Mit eigenen Kompositionen hervorgetreten sind u. a. der Opernkomponist Aulis Sallinen (geb. 1935), der Dirigent Leif Segerstam (geb. 1944) und die weit über die Landesgrenzen hinaus bekannten Pianisten Ralf Gothóni (geb. 1946) und Olli Mustonen (geb. 1967). Die Bandbreite der Musikkultur, die heutzutage in Finnland gepflegt wird, lässt sich nicht zuletzt an der ungebrochenen Popularität der zahlreichen Musikfestivals ablesen. Überregionale Bedeutung erreichten das der traditionellen Volksmusik gewidmete Festival im ostbottnischen Kaustinen, auf dem auch die ältesten heimischen Musikinstrumente, die zitherähnliche Kantele und das Streichinstrument Jouhikko, zu hören sind, und das Pori Jazz Festival, das seit 1966 Musiker und Besucher aus aller Welt anzieht.

Als Filmregisseure haben Mika Kaurismäki (geb. 1955) und sein jüngerer Bruder Aki Kaurismäki (geb. 1957) dem finnischen Film zu internationalem Ansehen verholfen.

Die Bearbeitung heimischer Materialien hat in besonderer Weise die Fantasie und die Experimentierlust finnischer Künstler herausgefordert und zur Umsetzung kühner Visionen in der Formgebung angeregt. Die Tradition des finnischen Designs hat seine Wurzeln im nationalromantischen Stil der Jahrhundertwende. Den internationalen Durchbruch brachten die Mailänder Triennalen von 1933 und 1936. Einflussreichste Ideengeber waren die Architekten Alvar Aalto (1898–1976) und seine Frau Aino Marsio-Aalto (1894–1949), deren Entwürfe zu alltäglichen Gebrauchsgegenständen in einer streng funktionalistischen Formsprache Aufsehen erregten. Aalto-Vasen (Savoy-Vase) und Aalto-Stühle (Paimio-Stuhl) sind in der industriellen Fertigung zu Verkaufs- und Exportschlagern geworden. Die Vermarktung besorgte die Firma Artek, die Alvar und Aino Aalto im Jahre 1935 gemeinsam mit Nils-Gustav Hahl und der Industriellengattin Maire Gullichsen gegründet haben. Nach dem Zweiten Weltkrieg setzten bekannte Künstlerpersönlichkeiten die Erfolgsgeschichte des finnischen Designs fort. Mit beeindruckenden materialspezifischen Kreationen traten hervor u. a. die Designer der Glasfabrik Iittala im südfinnischen Kalvola Tapio Wirkkala (1915–1985) und Timo Sarpaneva (geb. 1926), die Designer der Porzellanfabrik Arabia und der Glasfabrik Nuutajärvi (u. a.

Keramikservice «Kilta»), Kaj Franck (1911–1989) und Oiva Kalervo Toikka (geb. 1931), die Designerin der Glasfabrik in Riihimäki, Nanny Still (geb. 1926). Erwähnung verdienen außerdem der Innenarchitekt Ilmari Tapiovaara (1914–1999), der Möbeldesigner Antti Nurmesniemi (1927–2003) oder der Schmuckdesigner der Firma Lapponia Björn Weckström (geb. 1933). Initiatorinnen erfolgreicher Firmengründungen und Markenzeichen waren die Textildesignerinnen Armi Ratia (1912–1979) mit der Drucktextilienfirma Marimekko (1951) und ihre langjährige Chefdesignerin Vuokko Eskolin-Nurmesniemi (geb. 1930) mit der Firma Vuokko (1967).

Alvar Aaltos Name ist nicht nur mit der Entwicklung des finnischen Designs eng verbunden. Er hat auch als Architekt und Stadtplaner seit den 30er-Jahren finnische Architekturgeschichte geschrieben. Mit seinen bahnbrechenden Entwürfen (Bibliotheksbau in Wiborg, 1934/35, Villa Mairea in Noormarkku für das Industriellenpaar Gullichsen, 1938/39, und Arbeiterwohnungen in Kauttua für die Firma Ahlström, 1937/38) hat er dem Funktionalismus zum Durchbruch verholfen. Weit über die Landesgrenzen hinaus fanden seine Bauentwürfe der Nachkriegsjahre Beachtung (u. a. Hauptgebäude der Universität Jyväskylä, 1952–1957, und der Technischen Hochschule Helsinki in Otaniemi, 1955–1964, Planung des Stadtzentrums von Seinäjoki, 1960–1987, die Finnlandia-Halle an der Töölöbucht in Helsinki, 1961–1972). In Deutschland lebt die Erinnerung an den größten zeitgenössischen Architekten Finnlands im Kulturzentrum in Wolfsburg (1958–1962) und in der Aalto-Oper in Essen fort.

Die europäische Integration

Die unter Generalsekretär Michail Gorbačev eingeleitete Perestrojka-Politik hat Finnlands Stellung in der internationalen Staatengemeinschaft seit Mitte der 80er-Jahre grundlegend verändert. Das Land trat endgültig aus dem Windschatten der Sowjetunion heraus und verfolgte mit wachsendem Selbstbewusstsein eine eigenständige Interessenpolitik. Mauno Koivisto, der 1982–1994 Kekkonen im Präsidentenamt gefolgt war, hatte noch sehr zum Missfallen der nordischen Regierungen zurückhaltend auf die Vorgänge in Moskau und die Freiheitsbewegungen in den benachbarten baltischen Ländern reagiert. 1983 verlängerte er den sowjetisch-finnischen Freundschaftsvertrag nochmals um zwanzig Jahre. Ein Jahrzehnt später einigte sich Finnland am 20. 1. 1992 in Helsinki mit der Russischen Föderation auf neue gleichberechtigte Regelungen der politischen und wirtschaftlichen Beziehungen.

Der endgültige Zusammenbruch der kommunistischen Parteiherrschaft in Osteuropa 1990/91 und der Zerfall des Sowjetimperiums hatten allerdings zunächst verheerende Auswirkungen auf die finnische Wirtschaft. Der Außenhandel mit dem russischen Nachbarn kam vorübergehend fast vollständig zum Erliegen. Finnland verlor schlagartig seinen wichtigsten Wirtschaftspartner und seine bisherigen Absatzmärkte in Osteuropa. Das Land erlebte in den 90er-Jahren die schwerste Wirtschaftskrise seiner Geschichte. Finnland büßte in den Jahren 1991–1993 über 10% seines Bruttosozialprodukts ein. Die Arbeitslosigkeit stieg zeitweise auf 20%, die Finnmark verlor drastisch an Wert und musste 1991 und 1992 abgewertet werden, die Börsenkurse stürzten ab. Den drohenden Zusammenbruch des Bankensystems verhinderte nur die massive Intervention des Staates. Durch gemeinsame Anstrengungen aller Wirtschaftspartner und im Einvernehmen von Politik, Arbeitgebern und Gewerkschaften konnten der durch die Globalisierung aufgezwungene radikale wirtschaftliche und gesellschaftliche Umbruch in erstaunlich kurzer Zeit bewältigt und die negativen Auswirkungen der Rezession wieder aufgefangen werden. Schon Ende des Jahrzehnts hatte Finnland unter allen EU-Staaten nach Irland die höchsten Zuwachsraten im Wirtschaftswachstum.

Den Schritt zur vollen Integration in den europäischen Wirtschaftsraum und zur Übernahme des Euro als gemeinsames Zahlungsmittel vollzog Finnland 1995 zusammen mit Schweden und Österreich. In einer Volksbefragung sprachen sich 56,9 % der Wähler für einen Beitritt zur Europäischen Gemeinschaft aus, auf Åland 73,7 %. Das Parlament traf die Entscheidung mit deutlicher Mehrheit von 152 gegen 45 Stimmen. Gegen den Einspruch von Bedenkenträgern, die eine Überfremdung der Wirtschaft und den Ausverkauf der Heimaterde befürchteten, hat man in den 90er-Jahren den bisherigen Pfad eines wirtschaftlichen Nationalismus verlassen und den heimischen Markt für ausländische Kapitalanleger geöffnet. Die heftigen Diskussionen um eine europäische Option haben in der finnischen Parteienlandschaft tiefe Spuren hinterlassen. Die volksdemokratischen und linken Gruppierungen verloren bei den Wählern an Anziehungskraft. Ihre Einbindung in die Regierungsverantwortung war nicht mehr geboten. Die bestimmenden politischen Kräfte rekrutierten sich aus dem liberal-bäuerlichen Zentrum, der konservativen Sammlungspartei und den Sozialdemokraten. Ihre Stimmenanteile bei den Parlamentswahlen schwankten nur um wenige Prozentpunkte über 20 %. Wechselnde Zweierbündnisse waren die zwangsläufige Folge. Als zusätzliche Partner standen die schwedische Volkspartei und neuerdings auch die Grünen zur Verfügung. Nur das Präsidentenamt blieb seit Koivisto fest in sozialdemokratischer Hand. Nachfolger Koivistos wurde 1994 für eine Wahlperiode der bekannte Diplomat Martti Ahtisaari. Seit März 2000 ist Tarja Halonen als erste Frau Staatsoberhaupt von Finnland. 2006 wurde sie für eine zweite Amtszeit bis 2012 wiedergewählt. Für wenige Wochen führte im Jahr 2003 neben ihr mit Anneli Jäätteenmäki, der Vorsitzenden der Zentrumspartei, gleichzeitig eine zweite Frau als Ministerpräsidentin die Regierungsgeschäfte.

Die Bewältigung des rasanten Strukturwandels, der mit der Hinwendung zur EU eingeleitet wurde, verdankte Finnland insbesondere der unter den Entscheidungsträgern in Politik, Wirtschaft und Gesellschaft abgestimmten Konsenspolitik, dem hohen Ausbildungsstandard der Arbeitnehmer und dem enorm wachsenden Beitrag des IT-Sektors zur Wertschöpfung der Wirtschaft. Innerhalb von zwei Jahrzehnten verdreifachte sich dank der Erfolge des Marktführers Nokia unter der Führung Jorma Ollilas der Anteil des IT-Sektors. Im Zeitraum 1995–2002 trug er allein ein Drittel zum jährlichen Wachstum der Volkswirtschaft bei.

Die Firmengeschichte des Nokia-Konzerns ist ein Musterbeispiel für die Wandlungs- und Anpassungsfähigkeit finnischer Industriebetriebe. Gegründet wurde das Unternehmen im Jahre 1865 von dem Ingenieur Fredrik Idestam (1838–1916) mit Sitz in Nokia bei Tampere zur Herstellung von Papiererzeugnissen. In späteren Jahren produzierte man Gummistiefel und Autoreifen. Erst 1967 entstand aus Firmenzusammenschlüssen der heutige Telekommunikationskonzern. Auf finnischem Boden ist auch mit dem Betriebssystem Linux, das Linus Benedict Torvalds (geb. 1969) 1991 mit frei zugänglichem Quellcode in Helsinki entwickelt hat, moderne IT-Geschichte geschrieben worden. Mit der gleichen Anpassungsbereitschaft begegnet die heutige junge Generation den neuen Herausforderungen einer globalisierten Welt und den gestiegenen Ausbildungsansprüchen der Informationsgesellschaft.

Das Agrarland Finnland hat sich erst mit erheblicher Verspätung den modernen neuzeitlichen Entwicklungen in Wirtschaft und Gesellschaft geöffnet. Mit erstaunlicher Geschwindigkeit hat sich die mehrheitlich bäuerliche Bevölkerung inzwischen auf den Übergang in das Industrie- und Dienstleistungszeitalter eingestellt. Von der gesamten erwerbstätigen Bevölkerung (2,68 Mio. 2007) sind heute nur noch 4,4 in der Land- und Forstwirtschaft beschäftigt. Der radikale Strukturwandel in der finnischen Landwirtschaft ist ablesbar an dem sinkenden Anteil der Vollerwerbslandwirte. 1950 zählte man als Folge der gezielten Ansiedlungspolitik nach der Räumung der verlorenen ostkarelischen Gebiete 465 655 Bauernhöfe aller Größenordnung. Die Zahl schrumpfte auf 387 962 im Jahre 1959 und auf 297 257 im Jahre 1969. Der EU-Beitritt hat den Druck auf die kleinbäuerlichen Betriebe weiter erhöht, sodass heute nur noch etwa 70 000 Bauernhöfe existieren. Deren Durchschnittsgröße ist auf 33 Hektar angewachsen. Insgesamt werden noch 2,2 Mio. Hektar, 6,5 % der Landesfläche, landwirtschaftlich genutzt.

Der OECD-Länderbericht zu Finnland vom 4. 6. 2008 erwartet ab 2010 spürbare Auswirkungen der aktuellen demografischen

Entwicklung. Der sinkende Anteil der Erwerbsbevölkerung werde Finnland vor große Herausforderungen stellen und das weitere Wirtschaftswachstum hemmen. Die Erfolgsgeschichte des Telekomsektors gerät nach Einschätzung der Fachleute ins Stocken. Die Forstindustrie müsse wegen der rigorosen Zollpolitik Russlands bei den Holzexporten mit erheblichen Einschnitten rechnen. Die OECD empfiehlt steuerliche Entlastungen, um die Abwanderung gut ausgebildeter Arbeitskräfte zu verhindern, und eine Änderung der restriktiven Einwanderungspolitik, um die gezielte Anwerbung ausländischer Spezialisten zu erleichtern. Voll des Lobes ist die OECD über die staatliche Förderungspolitik im Bildungssektor und über den hohen Stellenwert, der den Bereichen Forschung und Entwicklung zugestanden wird. Mit 2,5 % aller Erwerbstätigen arbeiten in Finnland heute prozentual mehr Menschen in Forschung und Entwicklung als in jedem anderen OECD-Land. Die erhöhten Anstrengungen, die in den letzten Jahrzehnten im reformierten finnischen Bildungssystem zur besseren Qualifizierung der Schülerinnen und Schüler aufgewendet wurden, sind mit den vordersten Plätzen in allen PISA-Vergleichstests belohnt worden.

Es waren nicht nur diese anhaltenden Erfolge in der Bildungs- und Forschungspolitik, die Finnland in den letzten Jahren zu einer weltweiten Beachtung verholfen haben. 2008 hat das norwegische Nobelkomitee in Oslo Martti Ahtisaari den Friedensnobelpreis zuerkannt. In der Begründung wird auf die Verdienste des finnischen Diplomaten verwiesen, die er sich seit mehreren Jahrzehnten an verschiedenen Brennpunkten in Afrika, Europa und Asien mit seinem erfolgreichen Krisenmanagement erworben habe. Ahtisaari ist 1937 im heute zu Russland gehörenden Wiborg in Karelien geboren. Er hat in jungen Jahren selbst das Schicksal von Flucht und Vertreibung am eigenen Leibe erfahren. Mit der Preisverleihung an den ehemaligen Präsidenten Finnlands wird auch ein Land gewürdigt, das schon unmittelbar nach dem Ende des Ersten Weltkrieges in einer Hochphase nationaler Antagonismen zukunftsweisende Zeichen für eine friedliche Lösung strittiger Nationalitätenfragen in Europa gesetzt hat und mit dem Zugeständnis weitreichender Autonomieregelungen dazu beitrug, den schwelenden Åland-Konflikt mit der schwedischsprachigen Minderheit dauerhaft zu entschärfen.

Literaturhinweise

Internetressourcen zur Geschichte Finnlands

http://virtual.finland.fi/
Vom finnischen Außenministerium gefördertes Internetportal mit Beiträgen renommierter Wissenschaftler und weiterführenden Links
http://agricola.utu.fi/
Wegweiser zur finnischen Geschichte und Geschichtswissenschaft
www.phf.uni-rostock.de/imd/41/ungarn_finnland/index.html
Multimediale Geschichte Ungarns und Finnland
http://www.histdoc.net/historia/historia.html
Dokumente zur finnischen Geschichte
https://www.michael-culture.fi/pub-mpf/index.html
Digitalisierte Sammlungen der finnischen Museen, Archive, Bibliotheken
und kulturellen Einrichtungen

Hilfsmittel, Einführungen

Engman, Max, Kirby, David (eds.), Finland. People, Nation, State. London
1989
Historian sanakirja (Historisches Wörterbuch), hrsg. von Anssi Halmes-
virta, Jari Ojala, Heikki Roiko-Jokela, Kustaa H. J. Vilkuna. 4. Auflage
Jyväskylä 2007
Klinge, Matti, Let Us Be Finns – Essays on History. Helsinki 1990
Klinge, Matti, The Finnish Tradition. Essays on structures and identities in
the North of Europe. Helsinki 1993
Klinge, Matti, Finland in Europe. Keuru 2004
Klinge, Matti (Hauptherausgeber), Suomen kansallisbiografia (National-
biographie Finnlands). 10 Bde. Helsinki 2003–2007
Maude, George, Historical Dictionary of Finland. Lanham, MD. 1995
Paloposki, Toivo J., Quellenkunde zur Geschichte Finnlands. Wiesbaden
1988
Ylikangas, Heikki, Suomen historian solmukohdat (Knotenpunkte der Ge-
schichte Finnlands). Helsinki 2007

Historische Atlanten

Atlas Suomen historia, hrsg. von Heikki Rantatupa, Matti Rautiainen und
Jukka Jokinen. Helsinki 2006

Suomen historian kartasto (Atlas zur Geschichte Finnlands), hrsg. von Pertti Haapala. Helsinki 2007

Gesamtdarstellungen

Bohn, Ingrid, Finnland. Von den Anfängen bis zur Gegenwart. Regensburg 2005

Finlands historia (schwedische Ausgabe) bzw. Suomen historia (finnische Ausgabe). 4 Bde. Helsinki 1993–1999

Gerschau, Peter von, Versuch über die Geschichte des Großfürstenthums Finnland. Odense 1821

Jutikkala, Eino; Pirinen, Kauko, Geschichte Finnlands, 2. Auflage Stuttgart 1976 (= Kröners Taschenausgabe 365). In der engl. Fassung: A History of Finland. 5. Auflage Porvoo 1996, in der finnischen Ausgabe 6. Auflage Juva 2002

Kirby, David, A Concise History of Finland. Cambridge 2006

Klinge, Matti, Geschichte Finnlands im Überblick. 4. überarbeitete Auflage Helsinki 1995

Klinge, Matti, Die Ostseewelt. Keuruu 1995

Lavery, Jason, The History of Finland. Westport, Conn. 2006

Meinander, Henrik, Suomen historija. Linjat, rakentat, käänekohdat (Geschichte Finnlands. Linien, Strukturen, Wendepunkte). 2. Auflage Helsinki 2006

Rühs, Friedrich, Finnland und seine Bewohner, Leipzig 1809

Sauvageot, Aurélien, Histoire de la Finlande. 2 Bde. Paris 1968

Singleton, Fred, A short history of Finland. Revised and updated by A. F. Upton. 2. Auflage Cambridge 1998

Suomen historia (Geschichte Finnlands). Hrsg. von Yrjö Blomstedts. 8 Bde. Helsinki 1984–1988

Suomen historian käsikirja (Handbuch der Geschichte Finnlands). Hauptherausgeber Arvi Korhonen. 2 Bde. 2. Auflage Porvoo 1964

Suomen historian pikkujättiläinen (Kleiner Riese der Geschichte Finnlands). Hrsg. von Seppo Zetterberg. 2. Auflage Porvoo 2003

Vahtola, Jouko, Suomen Historia. Jääkaudesta Euroopan unioniin (Geschichte Finnlands. Von der Eiszeit bis zur EU). Helsinki 2003

Virrankoski, Pentti, Suomen historia (Geschichte Finnlands). 2 Bde. Jyväskylä 2001

Wuorinen, John H., A History of Finland. New York and London 1965

Ylikangas, Heikki, Käännekohdat Suomen historiassa (Wendepunkte in der Geschichte Finnlands). 5. Auflage Helsinki 1998

Zetterberg, Seppo, Tiitta, Allan (Hrsg.), Suomi kautta aikojen (Finnland durch die Zeiten). 2. Auflage Helsinki 1997

Regionalgeschichte

Auer, Väinö, Jutikkala, Eino, Finnlands Lebensraum. Das geographische und geschichtliche Finnland. Berlin 1941

Barros, James, The Åland Islands Question: Its Settlement by the League of Nations. New Haven, London 1968

Dreijer, Matts, The History of the Åland People. From the Stone Age to Gustavus Vasa. Stockholm 1986

Jääskeläinen, Mauno, Die ostkarelische Frage. Die Entstehung eines nationalen Expansionsprogramms und die Versuche zu seiner Verwirklichung in der Außenpolitik Finnlands in den Jahren 1918–1920. Helsinki 1965

Karjala. Historia, kansa, kulttuuri (Karelien. Geschichte. Volk. Kultur). Hrsg. von Pekka Nevalainen und Hannes Sihvo. Helsinki 1998

Karjala (Karelien). 5 Bde. Hämeenlinna 1981–1983

Lehtola, Velli-Pekka, The Sámi People: Traditions in Transition. Ilnari 2002

Nironen, Jarmo, Suomalainen Pietari kuvina. Finnish St. Petersburg in Pictures. Finskij Peterburg v illjustracijach. Helsinki 2003

Paasi, Anssi, Territories, boundaries and consciousness. The Changing Geographies of Finnish-Russian Border, Chichester, New York, Brisbane, Toronto, Singapore 1996

Schoolfield, George C., Helsinki of the Czars. Columbia, SC. 1996

Epochendarstellungen

Mittelalter und Schwedenzeit:

The Cambridge History of Scandinavia. Volume 1, Prehistory to 1520. Edited by Knut Helle. Cambridge 2003

Fewster, Derek, Visions of Past Glory. Nationalism and the Construction of Early Finnish History. 2nd edition Helsinki 2006

Kari, Risto, Suomalaisten keskiaika. Myytit ja todellisuus (Das finnische Mittelalter. Mythen und Wahrheit). Helsinki 2004

Kirby, David, Northern Europe in the Early Modern Period. The Baltic World 1492–1772, London, New York 1990

Klinge, Matti, Ancient Powers of the Baltic Sea. An Illustrated Historical Outline. Beaverton, Ontario 2007

Tarkiainen, Kari, Sveriges Österland. Från forntiden till Gustav Vasa. Helsinki 2008 (= Finlands svenska historia 1)

Autonomiezeit und Zeitgeschichte:

Beyer-Thoma, Hermann, Kommunisten und Sozialdemokraten in Finnland 1944–1948. Wiesbaden 1990

Deutschland und Finnland im 20. Jahrhundert. Herausgegeben von Edgar Hösch, Jorma Kalela und Hermann Beyer-Thoma. Wiesbaden 1999

Engman, Max, Lejonet och dubbelörnen. Finlands imperiella decennier 1830–1890. Stockholm 2000

Finnland im Anfang des XX. Jahrhunderts. Herausgegeben im Auftrage des Ministeriums der Auswärtigen Angelegenheiten. Helsingfors 1919

Häikiö, Martti, A Brief History of Modern Finland. Helsinki 1992

Hentilä, Seppo, Neutral zwischen den beiden deutschen Staaten. Finnland und Deutschland im Kalten Krieg. Berlin 2006

Jussila, Osmo, Hentilä, Seppo, Nevakivi, Jukka, Politische Geschichte Finnlands seit 1809. Vom Großfürstentum zur Europäischen Union. Berlin 1999

Jussila, Osmo, Suomen suuriruhtinaskunta 1809–1917 (Das Großfürstentum Finnland 1809–1917). Helsinki 2004

Kirby, David (ed.), Finland and Russia 1808–1920. From Autonomy to Independence. A Selection of Documents, London and Basingstoke 1975

Kirby, David, Finland in the Twentieth Century: A History and Interpretation, London 1984

Kirby, David, The Baltic World 1772–1993. Europe's Northern Periphery in an Age of Change, London, New York 1995

Maude, George, The Finnisch Dilemma. Neutrality in the Shadow of Power, London 1976

Menger, Manfred, Das faschistische Deutschland und Finnland 1933–1944, Greifswald 1977

Menger, Manfred, Deutschland und Finnland im zweiten Weltkrieg. Genesis und Scheitern einer Militärallianz, Berlin 1988

Paasivirta, Juhani, Finland and Europe: International Crises during the Period of Autonomy 1808–1914. London-Minneapolis 1981

Paasivirta, Juhani, Finland and Europe 1917–1939. The Early Years of Independence. Jyväskylä 1989

Polvinen, Tuomo, Imperial Borderland: Bobrikov and the Attempted Russification of Finland, 1898–1904. London 1995

Polvinen, Tuomo, Between East and West. Finland in International Politics, 1944–1947, Helsinki 1986

Schweitzer, Robert, Autonomie oder Autokratie. Die Stellung des Großfürstentums Finnland im Russischen Reich in der zweiten Hälfte des 19. Jahrhunderts (1863–1899), Gießen 1978.

Schweitzer, Robert, The Rise and Fall of the Russo-Finnish Consensus: The History of the «Second» Committee on Finnish Affairs in St. Petersburg 1857–1891, Helsinki 1996

Schweitzer, Robert, Finnland, das Zarenreich und die Deutschen. Gesammelte Studien zum europäischen Norden. Hrsg. von Uta-Maria Liertz. Helsinki, Lübeck 2008

Tarkka, Jukka, Weder Stalin noch Hitler. Finnland während des Zweiten Weltkrieges, Keuruu 1991

Tommila, Päiviö, La Finlande dans la politique européenne en 1808–1815, Lahti 1962

Ueberschär, Gerd R., Hitler und Finnland 1939–1941. Die deutsch-finnischen Beziehungen während des Hitler-Stalin-Paktes, Wiesbaden 1978

Wagner, Ulrich, Finnlands Neutralität. Eine Neutralitätspolitik mit Defensivallianz, Hamburg-Volksdorf 1974

Ylikangas, Heikki, Der Weg nach Tampere. Die Niederlage der Roten im finnischen Bürgerkrieg 1918. Berlin 2002

Zetterberg, Seppo, Finnland ab 1917. Helsinki 1991

Staat und Gesellschaft

Alapuro, Risto, State and Revolution in Finland, Berkeley-Los Angeles 1988

Castell, Manuel, Himanen, Pekka, The Information Society and the Welfare State: The Finnish Model. Oxford 2002

Mylly, Juhani; Berry R. Michael, Political Parties in Finland. 2. aktual. Auflage Turku 1987

Pesonen, Pertti and Riihinen, Olavi, Dynamic Finland. The Political System and the Welfare State. Helsinki 2001

Kultur

Alho, Ollo (Hrsg.), Kulturlexikon Finnland. 2. Auflage Helsinki 1997

Dencker, Rolf, Die Kultur Finnlands, Frankfurt 1966, und in: Handbuch der Kulturgeschichte. Die Kulturen der eurasischen Völker, Frankfurt 1968

Finlands svenska Litteratur. Bd. 1: Lars Huldén u. a. Från medeltiden till Åboromantiken; Bd. 2: Erik Ekelund; Från Åbo brand till sekelskiftet. Stockholm 1968/69

Klinge, Matti, Eine nordische Universität. Die Universität Helsinki 1640–1990, Helsinki 1992

Kolbe, Laura (ed.): Suomen kulttuurihistoria [Kulturgeschichte Finnlands]. 5 Bde. Helsinki 2002–2005

Krötzl, Christian, Masonen, Jaakko (eds.), Quotidianum Fennicum. Daily Life in Medieval Finland. Krems 1989 (= Medium Aevum Quotidianum 19)

Laitinen, Kai, Finnische Literatur im Überblick. Helsinki 1989

Laitinen, Kai, Finnlands moderne Literatur. Hamburg 1967

Lassila, Pertti, Geschichte der finnischen Literatur. Tübingen 1996

Nikula, Riitta, Bebaute Landschaft. (Finnlands Architektur im Überblick. Helsinki 1993

Schweitzer, Robert, Die Wiborger Deutschen, Helsinki 1993

Valkonen, Markku, Toiviainen, Riitta, The Golden Age. Finnish Art 1850–1907. Helsinki 1992

Valkonen, Markku, Finnish Art over the Centuries. Helsinki 1992

Kirche

Heininen, Simo, Heikkilä, Markku, Kirchengeschichte Finnlands. Göttingen 2002

Hiekkanen, Markus, Suomen keskiajan kivikirkot (Finnlands mittelalterliche Steinkirchen). Helsinki 2007

Volkskultur, Volkskunde

Anttila, Veikko und Talve, Ilmar, Finnische Volkskunde. Materielle und gesellschaftliche Kultur. Hamburg 1980

Sihvo, Pirkko, Tradition und Volkskunst in Finnland. Helsinki 1978

Talve, Ilmar, Finnish Folk Culture. Helsinki 1997

Virtanen, Leea, DuBois, Thomas, Finnish Folklore. Helsinki, Seattle 2000

Wirtschaft

Dencker, Rolf, Finnlands Städte und Hansisches Bürgertum bis 1471, in: Hansische Geschichtsblätter 77 (1959), S. 13–93

Hjerppe, Riitta, The Finnish Economy 1860–1985. Growth and Structural Change. Helsinki 1989

Singleton, Fred, The Economy of Finland in the Twentieth Century. Bradford 1986

Suomen Taloushistoria (Wirtschaftsgeschichte Finnlands). 3 Bde. Helsinki 1980–1983 (Bd. 3: Kaarina Vattula, Historiallinen tilasto (Historische Statistik)

Personenverzeichnis

Aus dem Verlagsprogramm

Edgar Hösch bei C. H. Beck

Edgar Hösch
Geschichte der Balkanländer
Von der Frühzeit bis zur Gegenwart
5., aktualisierte und erweiterte Auflage. 2008.
454 Seiten mit 4 Karten.
Broschierte Sonderausgabe

Edgar Hösch
Geschichte des Balkans
2., aktualisierte Auflage. 2007. 128 Seiten mit 4 Karten.
Paperback
C. H. Beck Wissen in der Beck'schen Reihe Band 2356

«Seit kurzem gibt es ein schmales Bändchen mit dem Titel
‹Geschichte des Balkans›, das auf etwas mehr als hundert Seiten
präzis und verständlich vor allem die politischen und geistes-
geschichtlichen Grundlagen sowie die historische Entwicklung
des Balkans seit dem frühen Mittelalter aufzeigt.
Verfasser ist ein ausgewiesener Fachmann für diese Region,
der emeritierte Professor für die Geschichte Ost- und Südosteuropas an der Universität München, Edgar Hösch.»
Neue Zürcher Zeitung

Verlag C. H. Beck München

Europäische und außereuropäische Geschichte

Gerhard Austrup
Schweden
2., neubearbeitete Auflage. 1997. 171 Seiten mit 7 Abbildungen
und 3 Karten. Paperback
Beck'sche Reihe Band 818
Reihe «Länder»

Helmut Altrichter
Kleine Geschichte der Sowjetunion 1917–1991
3. Auflage. 2007. 266 Seiten mit 33 Abbildungen. Paperback
Beck'sche Reihe Band 1015

Andreas Kappeler
Kleine Geschichte der Ukraine
2009. Ca. 352 Seiten. Paperback
Beck'sche Reihe Band 1059

Andreas Kappeler
Rußland als Vielvölkerreich
Entstehung - Geschichte - Zerfall
2. Auflage. 2008. 416 Seiten mit 11 Karten. Paperback
Beck'sche Reihe Band 1447

Klemens Ludwig
Estland
1999. 158 Seiten mit 19 Abbildungen und 1 Karte. Paperback
Beck'sche Reihe Band 881
Reihe «Länder»

Klemens Ludwig
Lettland
2000. 165 Seiten mit 21 Abbildungen und 1 Karte. Paperback
Beck'sche Reihe Band 882
Reihe «Länder»

Verlag C. H. Beck München

Europäische und außereuropäische Geschichte

Ernst Lüdemann
Ukraine
3., völlig neu bearbeitete Auflage. 2006. 230 Seiten
mit 23 Abbildungen und 5 Karten. Paperback
Beck'sche Reihe Band 860
Reihe «Länder»

Harm G. Schröter
Geschichte Skandinaviens
2007. 128 Seiten mit 4 Karten. Paperback
Beck'sche Reihe Band 2422
C. H. Beck Wissen

Rudolf Simek
Die Wikinger
4. Auflage. 2005. 136 Seiten mit 3 Karten. Paperback
Beck'sche Reihe Band 2081
C. H. Beck Wissen

Ralph Tuchtenhagen
Geschichte der baltischen Länder
2., aktualisierte Auflage. 2008. 128 Seiten mit 6 Karten.
Paperback
Beck'sche Reihe Band 2355
C. H. Beck Wissen

Dirk Holtbrügge
Weißrußland
2., aktualisierte und ergänzte Auflage. 2002. 152 Seiten
mit 27 Abbildungen und 4 Karten. Paperback
Beck'sche Reihe Band 863
Reihe «Länder»

Verlag C. H. Beck München